世界一わかりやすい　金利の本

No.1
エコノミスト
が書いた

從「利率」看經濟

看懂財經大勢，學會投資理財。

瑞穗證券首席市場經濟學家

上野 泰也 UENO Yasunari —— 編著

譯 —— 翁碧惠

NO.1 ECONOMIST GA KAITA SEKAIICHI WAKARIYASUI KINRI NO HON

by Yasunari Ueno

Copyright © 2018 Yasunari Ueno

Original Japanese edition published by KANKI PUBLISHING INC.

All rights reserved

Chinese (in Complicated character only) translation copyright © 2023 by EcoTrend Publications,

a division of Cité Publishing Ltd.

Published by arrangement with KANKI PUBLISHING INC. through Bardon-Chinese Media Agency, Taipei.

經濟趨勢 74

從「利率」看經濟
看懂財經大勢，學會投資理財

編 著 者	上野泰也	
譯　　者	翁碧惠	
責 任 編 輯	林博華	
行 銷 業 務	劉順眾、顏宏紋、李君宜	
發 行 人	涂玉雲	
總 編 輯	林博華	
出　　版	經濟新潮社	

104台北市民生東路二段141號5樓

電話：(02)2500-7696　傳真：(02)2500-1955

經濟新潮社部落格：http://ecocite.pixnet.net

發　　行　英屬蓋曼群島商家庭傳媒股份有限公司城邦分公司

台北市中山區民生東路二段141號11樓

客服服務專線：02-25007718；25007719

24小時傳真專線：02-25001990；25001991

服務時間：週一至週五上午09:30-12:00；下午13:30-17:00

劃撥帳號：19863813；戶名：書虫股份有限公司

讀者服務信箱：service@readingclub.com.tw

香港發行所　城邦（香港）出版集團有限公司

香港灣仔駱克道193號東超商業中心1樓

電話：852- 25086231　傳真：852- 25789337

E-mail: hkcite@biznetvigator.com

馬新發行所　城邦（馬新）出版集團Cite(M) Sdn. Bhd. (458372 U)

41, Jalan Radin Anum, Bandar Baru Sri Petaling,

57000 Kuala Lumpur, Malaysia.

電話：(603) 90563833　傳真：(603) 90576622

E-mail: services@cite.my

印　　刷　漾格科技股份有限公司

初 版 一 刷　2023 年 10 月 5 日

城邦讀書花園
www.cite.com.tw

ISBN：978-626-7195-44-4、978-626-7195-45-1（EPUB）

定價：450元

自序

「從經濟看利率」

──對於每日身處於債券、外匯、股票等金融商品（經濟市場）之中的經濟人而言，筆者每天最重要的工作不外就是日本、美國等國所發生的大小事。

例如，景氣是否會好轉？還是惡化？物價指數是否真的會如日本及美國央行所設定，朝向2%的通膨目標前進？代表國家預算的財政政策和中央銀行的貨幣政策將如何發展？

這些都必須透過各種的預測組合，才會推斷出未來短期和長期利率的市場走向。

「從利率看經濟」

──這是與上述「從經濟看利率」的反向思考，也是筆者我的重要工作之一。

一般來說，國內外金融市場的參與者會根據他們自己的各種經濟預測，去參與各種與利率相關的日常金融商品交易，其中更以政府公債等的債券最具代表性。也就是說，我們可以從這些巨額交易所形成的利率漲跌，看到金融市場從業人員對未來經濟的預測。

由上述交易所形成的利率水準來看，不禁讓人聯想到所謂的市場「多數說」的說法，從市場的利率漲跌已經可以大致預測未來經濟

的景氣和物價趨勢。也可以藉由這樣的利率變化，重新檢視自己原來的經濟預測。

所以說，金融市場所形成的利率高低，對你我的生活都會產生巨大的影響。

首先，以銀行存款為首的金融商品的利率、房屋貸款、信用卡貸款等的借貸利率，都是根據市場利率的趨勢而有所變化。還有，我們能夠領取的退休金當然也會受到利率的影響。因為用於支付國民退休金的資金，通常會有一定的比例會投入於國內外的債券投資，所以，利率變化也會決定投資的實際效益。

另外，利率也會影響與我們生活息息相關的政府財政。國家和地方政府的財政運作，不僅仰賴稅收，有時也會發行約定償還本金和利息的借款憑證（即政府公債和地方債券）向市場籌資，以因應所需的支出。此時，如果利率過高，則實際所應支付的利息費用將會超出預期，也容易使國家和地方的財政陷入窘困。最終，可能會迫使政府大幅增稅，以償還債務。

因此，了解「利率的趨勢走向」不僅關乎個人財務上的利益得失，而且是遠遠超越個人，影響社會乃至國家未來的重大問題。所以說，「利率」對於身處於這個紛擾不透明時代的我們而言，是非常重要的課題。

筆者非常努力將艱澀的金融專業術語，希望透過淺顯易懂的方式，並穿插身邊的具體例子，詳細說明各項關於「利率」的相關知識。期望透過這本書，讓讀者更能夠掌握和實際運用利率和掌握經

濟相關的知識。

其實，本書最早完稿於 2010 年。但是，2013 年由於日本央行（正式名稱為「日本銀行」）實施了非傳統的貨幣政策，2016 年又導入了負利率政策，日本的利率市場發生了空前的變化。導致本書中所詮釋的利率走勢等的基礎知識有許多的不適用，同樣地債券市場的功能也變得非常薄弱。

但是，綜觀所有的經濟局勢，筆者還是認為基礎知識到底是知識的基礎，非常重要。所謂「工欲善其事必先利其器」，以探索知識的順序而言，筆者認為還是應以掌握必要的基礎知識為先，而後對於日本與美、歐等國不同的利率走向才能有效分析與正確判斷。

現在，讓我們開始探索「利率」的世界吧！

2018 年 4 月　　　　　　　　　　　　　　　　上野　泰也

※ 本書 Part 1 至 5、8 至 9 由河合起季撰寫，上野泰也監修。Part 6 至 7 由上野泰也撰寫。

目次

Part 1　利率是我們最熟悉的經濟規則

Part 2　解讀決定利率的金融市場基本機制

Part 3　金融市場與利率的動向剖析

Part 4　經濟如何影響利率的機制

日本央行領先世界率先採用非傳統的貨幣政策

日本首次推出「負利率政策」

導入「殖利率曲線控制」（Yield Curve Control）政策

Part 5 影響利率的參與者們

Part 7 解讀利率波動的概念和技巧

Part 8 你的投資，利率和報酬率是關鍵

Part 9　一定要了解的貸款利率觀念

• 書中的數據，若無註明，則為 2017 年 12 月當時的數據。

Part **1**

利率是
我們最熟悉的
經濟規則

1.1

利率到底是什麼？

利率是促使經濟更有活力所不可或缺的重要機制

▶「利率所產生的利息」就是借貸關係的成本費用

「利息」簡單地說就是「金錢借貸的費用」。

買賣商品或服務的時候，通常是以「金錢」做為支付方式。

但是，如果手中沒有足夠的金錢來支付這項商品或服務時，就可能要先向他人借貸。之後還款的時候，為了感謝借錢給你的人，這時你會再加上一筆名為利息的貸款費用。

換言之，我們在借錢時就知道另外還會有一筆稱為利息的貸款費用。

說得通俗一點，利息就是擁有多餘金錢的經濟個體（例如：企業、家庭等經濟活動的主導者）向金錢不足的經濟個體收取的「金錢借貸的費用」。

▶ 借貸機制已經存在了 1,200 年

在西元 8 世紀左右的古代日本，已存在一種借貸機制。「當人們

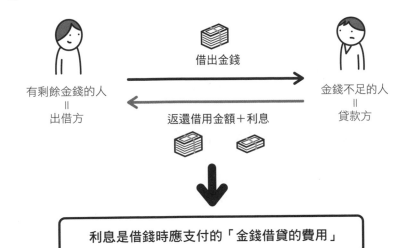

借錢時會產生所謂貸款費用的利息

借出金錢

有剩餘金錢的人
＝
出借方

金錢不足的人
＝
貸款方

返還借用金額＋利息

利息是借錢時應支付的「金錢借貸的費用」

向他人借用某項物品後，會約定在未來某個時間歸還，並於歸還時除了借用的物品外，還會再加上一筆借貸費用。」這樣的記錄顯示該借貸機制早已存在。

當時的日本，有一種稱之為「出舉」的制度。農業是生活的中心，政府或富人會在春季把稻米借給農民，到了秋收時期再加上一定的借貸利息收回來。

在那個時代，稻米和種子是農作物的生產必要品，如果沒有這些東西，只能向他人借用。因此，貧窮的農民就會考慮從擁有大量稻米或種子的政府或富人那裡借用。

當時，稻米和種子本身就是非常有價值的東西，出借的人當然不想白白出借，因此，就有了「如果借出的稻米和種子歸還時可以再加上一些回饋的話，就可以考慮出借」的想法。這個加上去的部分就是借貸的利息。

透過這樣的借貸機制，出借的人提供稻米或種子以獲得出借的回饋，而借入的人支付借貸費用就可得到所需的稻米或種子。這種雙方都有好處的借貸機制，推動了當時社會的運作。

現代社會的基本借貸機制也是與古代相同。有錢的人借錢給資金不足的人，借錢的人加上一定的借貸費用償還借款。這筆借貸費用就是所謂的「利息」。

▶ 借貸機制的存在，讓高額的消費成為可能

我們可以拿房屋貸款為例，讓我們想像一下這樣的借貸機制。

田中夫婦一直希望「有一天能擁有屬於自己的獨棟房子」。結婚之後經過了10年努力，他們終於成功存下了1,000萬日圓的購屋款，於是開始物色物件。

然後他們注意到一家「星星建設」正在銷售的一棟價值3,500萬日圓的獨棟透天。但是，他們只有1,000萬日圓的積蓄，根本不足以支付所有的購屋費用。因此，田中夫婦決定向「青山銀行」申請房屋貸款，以補足2,500萬日圓的缺口。

貸款條件設為還款期25年，利率3%，每月還款金額約12萬日圓。

也就是說，「25年每月支付約12萬日圓」，總支付金額約為3,556萬5,749日圓。因而產生的利息（貸款費用）試算如下：

3,556萬5,749日圓－2,500萬日圓＝1,056萬5,749日圓

田中夫婦順利通過了貸款的審核，因此，也買到了期待已久的房子。

這個利息到底高不高因人而異，但如果沒有這樣的機制（貸款）可藉由支付利息的方式借到資金，可能再過25年，田中夫婦還是無法擁有自己的房子。

利用房屋貸款購入住宅

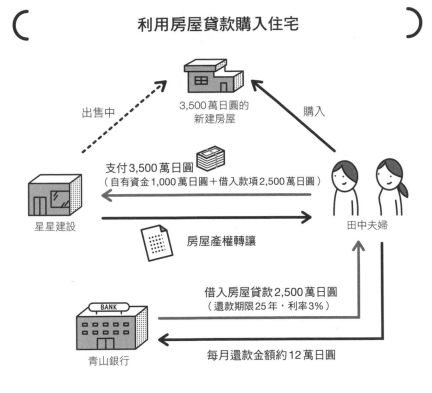

出售中

3,500萬日圓的
新建房屋

購入

支付3,500萬日圓
（自有資金1,000萬日圓＋借入款項2,500萬日圓）

星星建設

房屋產權轉讓

田中夫婦

借入房屋貸款2,500萬日圓
（還款期限25年，利率3%）

青山銀行

每月還款金額約12萬日圓

　　無論是個人或企業需要資金來實現某些目標時，都可以向銀行借
錢。銀行也可以透過這樣的商業行為，向貸款人收取利息來獲取應
得的收益。

　　有了這樣的借錢方法，我們個人才可能購買高價的商品和服務，
享受豐富的生活。同時，企業也可以提供商品和服務，獲取收益來
維持企業的營運和發展。

　　換言之，利息機制是活化經濟的推手，利率也是我們生活中最熟
悉、最重要的經濟規則，是每個人都應該知道的重要知識。

1.2
利率(利息)的4種表述方式

所謂利率,日文漢字還有金利、利子、利息等說法。它們有什麼分別呢?

▶ 利率大致可分為「貸款利率」和「存款利率」兩種

雖然現今社會上有各種各樣的利率,但大致可分為以下兩種:

① 借款時需要支付的利率

最常見的是,房屋貸款和信用卡貸款的利率。當我們借錢時需要支付的利率會以「○%」表示。「○%」也就是貸款的利率,是「借貸費用」相對於「本金」的比率。

在這裡,我們需要記住「本金」[1]和「原始資金」[2]這兩個名詞。

- 本金 → 指「借貸」關係中的原始金額
- 原始資金 → 是指「投資」所投入的原始金額

---

1 本金:日文漢字為「元金」。
2 原始資金:日文漢字為「元本」。

本金與原始資金的差異

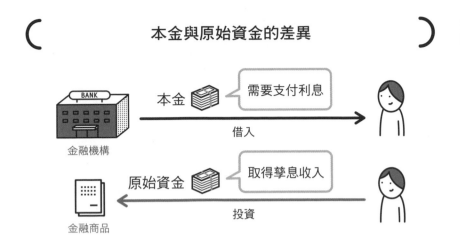

例如，我們從銀行以貸款方式借入1,000萬日圓（本金），1年的貸款費用（利息）為10萬日圓，那麼利率則是：

10萬日圓÷1,000萬日圓×100%＝1%利率

② 出借資金（或是存款）收取的利率

我們身邊最常見有關利率的例子，應該是普通存款和定期存款的利率了。當我們把錢存進銀行，就可以視為把錢借給銀行。

例如，如果我們存入100萬日圓的定期存款（存款期間1年），利率為1%，那麼銀行必須付給存款人的借貸費用如下：

100萬日圓×0.01（1%的利率）＝1萬日圓

如此一來，一年期滿之後我們將可回收101萬日圓（100萬日圓＋1萬日圓）。（文中不考慮稅金因素，以下亦同。）

▶ 利率以百分比表示，利息則以貨幣單位表示

我們常會在銀行看到許多DM、宣傳手冊，其中除了「利率」這

個名詞之外，在日本，也會經常看到例如「金利」、「利息」和「利子」這些名詞。它們在使用上都有所區別。

為了正確理解金融商品的敘述和報紙所刊載的經濟相關記事，我們應該學習並了解這些名詞之間的區別。

① 利率和金利

在日文中，有「利率」和「金利」等不同的名詞，雖然說法不同，但基本的意思都是一樣的，都是指借貸關係中所產生的費用，**都是以本金或是原始資金的比例（也就是百分比）形式表示**。儘管意義上都相同，但在日文的使用上還是稍有不同。

日文的「利率」：主要用於表達投資金融商品的報酬率（相對於投資金額所獲得的收益百分比），例如「定期存款的利率為1%」。

日文的「金利」：主要用於描述總體經濟（國家的整體經濟）時使用。例如，新聞標題經常會以「市場金利上漲」、「美國的金利下跌」等方式表示，但在描述利率本身時卻不會使用「金利」這種用法。[3]

② 利息和利子

日文漢字中還有「利息」和「利子」的說法，**都是指投入原始資金，所產生的報酬金額**。例如，我們會說「定存利息總共1萬日圓」這樣的句子。

雖然兩個名詞在意義上沒有不同，但是在使用上還是有些微的差異。其中，**「利息」**一詞用在存款所取得的收益，而投資債券所獲得的收益常會以**「利子」**[4]表示。

---

3 日文有「利率」、「金利」的區別，但在中文比較單純都稱為「利率」。
4 日文漢字的「利息」、「利子」，台灣都是稱為「利息」。

　　話說，銀行櫃台附近經常會展示定期存款利率一覽表，而且都是以利率%的方式表示，為什麼呢？理由很簡單，這是因為利息金額取決於本金的大小，而有所不同。例如，定期存款利率為3%（存款期限1年），存入100萬日圓，一年後可獲得的利息收益則是3萬日圓，而存入800萬日圓，利息就是24萬日圓，利息的金額不同都是因為存款本金的不同所致。

　　銀行櫃台的利率%表示，也是讓來銀行的客戶可以自行計算，了解「存入若干金額的款項後，可以獲得多少利息」。

1.3

學會看懂利率

金融商品基本上是以年利率的方式表示，以顯示在一年的持有期間可獲得的收益之比率。這是了解金融知識和有效運用資金的重點。

▶ 年利率和利息的計算方法非常簡單

計算利息所使用的利率通常是「年利率」。年利率是指對於本金而言，持有期間一年的利息之比率（以%表示），可以用以下的計算公式求得：

利息÷本金÷期間（年）×100％＝年利率（％）

例如，假設將100萬日圓存入定期存款，1年後獲得3萬日圓的利息，則年利率為：

3萬日圓÷100萬日圓÷1（年）×100％＝3％

接下來，若要計算存款若干年，可以獲得多少利息，則可以使用以下的公式：

本金×年利率×存款期間（年）＝利息

假設以年利率3%的利率存入100萬日圓，依不同的存款期間計算，可獲得的利息如下：

• 存款1年

$$利息＝100萬日圓×3%×1年＝3萬日圓$$

• 存款3年

$$利息＝100萬日圓×3%×3年＝9萬日圓$$

如果想按月計算，則存款期間應以「**存款月數÷12個月**」計算。

• 存款3個月

$$利息＝100萬日圓×3%×（3個月÷12個月）＝7,500日圓$$

如果按日計算，則存款期間應以「**存款日數÷365天**」計算。

• 存款130天

$$利息＝100萬日圓×3%×（130天÷365天）≒10,684日圓$$

▶ 月利率、日利率又怎麼算？

「月利率」和「日利率」也是利率的表示方式，雖然不如年利率那麼通用，但以金融的基礎知識而言，還是必須了解。

① 月利率

月利率是指以月為單位的利率，一樣是以%表示。例如，假設以月利率0.5%，存款100萬日圓來看，每月的利息為：

$$100萬日圓×0.5%＝5,000日圓$$

月利率乘以12就是年利率。換言之，月利率0.5%換算成年利率就是6%（0.5%×12個月）。

② 日利率

日利率就是每日的利息，也就相當於如果存入台幣 100 元的話，每日可獲得的利息。單位為「〇分[5]」。「日利率 1 分」等於 0.01%（1分 ÷ 100 元）。所以，如果以日利率 1 分借入 1 萬日圓，則每日的利息就是：

$$1 萬日圓 \times 0.01\% = 1 日圓$$

日利率乘以 365 就是年利率。換言之，日利率 0.01% 換算成年利率就是 3.65%（0.01% × 365 天）。

▶ 專業的世界是用基點

利率的單位通常使用百分比（%）來表示，但金融市場的專業人士最常使用的單位是「基點」（**basis point**），符號為「**bp**」或「**bps**」，**1 個基點等於 0.01%**。

市場利率的變動通常不會以百分比為單位，因為利率的波動一時之間不會那麼巨大。以短期的貨幣市場（→ 2.3 節）為例，通常是以 0.01% 為單位，而長期的債券市場（→ 2.7 節）則是以 0.005% 為單位的微小波動。如果這時使用百分比表示會變得很繁瑣，所以會以基點表示。

例如，「今天利率上升了 15 個基點」表示利率上升了 0.15%，而「下跌了 2.5 個基點」則是利率下跌了 0.025%。

▶ 不要被優惠利率的話術所迷惑

目前，金融商品如存款和貸款的利率基本上都是以年利率表示。

---

5 台灣的貨幣計算單位：1 元＝ 10 角＝ 100 分；日圓單位：1 日圓＝ 100 錢＝1000 厘。

即使是期限為1個月、3個月、6個月等等少於1年的定期存款，利率也是以年利率表示。

在日本，到了獎金發放的季節，通常銀行都會推出優惠利率的活動，用來吸引存款資金。但是，有一些文宣傳單上的年利率數字「眉角」，還是需要特別小心。

例如，在2009年夏季，某家銀行大肆宣傳「美元優利定存，年利率6%」的優惠活動。

看到「年利率6%」，不少人可能會想「這太厲害了！存入100萬日圓，一年就可以賺到6萬日圓的利息」。

但，再仔細一看，上面還有一行小小字「1個月物（存款期間為一個月）」的備註。也就是說，這個高利率只有在最初的第一個月適用，之後就會回歸正常的利率水準。

存入1萬美元，1個月後可以獲得的利息如下（文中不考慮匯率手續費等因素，下同）。

$$1\text{萬美元} \times 6\% \times \frac{1}{12}\text{年} = 50\text{美元}$$

但一個月之後，就會回歸到普通的美元定期存款（存款期間為1個月）的利率。當時（2009年夏季）的利率約為0.02%，第1個月之後可獲得的每月利息，如同以下的試算，非常的不好：

$$1\text{萬美元} \times 0.02\% \times \frac{1}{12}\text{年} \fallingdotseq 0.166\text{美元}$$

有些人可能會被「年利率6%」的數字所吸引，存入了美元定存後，才恍然大悟「好像被騙了」。但是，如果存款人具備利率的相關基礎知識，只需再仔細查看宣傳單，就很容易看穿該存款商品的箇中手法。

1.4
了解固定利率和機動利率的特點

固定利率是指利率從一開始到結束都不會改變。而機動利率則是指利率在一定的時間間隔內可能發生變動。

▶ 固定利率和機動利率的差異

當貸款購買不動產時，很多人會煩惱要選擇「固定利率」還是「機動利率」。這是因為這個選擇對將來的還款總金額會產生很大的影響。

同樣地，金融商品的投資收益也會受到固定利率和機動利率的影響。因此，了解固定利率和機動利率的意義非常重要。

① 固定利率

利率從一開始到最後都是固定的，不會有任何變動。代表性的金融商品有定期存款、開放一般投資人購買的 5 年期政府公債等。

例如，以定期存款（存款期限 5 年，利率固定）為例，假設最初存入時的利率為 3%，則該利率直到 5 年期滿時都會保持不變。

② 機動利率

利率會定期進行重新評估。代表性的金融商品有機動利率的定期

存款、開放一般投資人購買的10年期政府公債等。

假設，投資人將資金存入定期存款帳戶（條件：存款期為5年，每6個月調整一次利率）。

最初的存款利率為3%，如果之後市場利率上升，半年之後該定期存款的利率也可能隨著市場利率的調升，升至4%也不無可能。

相反，如果市場利率下降，半年後定期存款的利率也可能會下調到2%。

因此，機動利率型的金融商品會隨著市場的利率變化進行利率的重新評估。

▶ 固定利率和機動利率，何者較具優勢？

那麼，固定利率或機動利率，哪一種貸款利率較具有優勢呢？這應該取決於市場利率的波動趨勢。

① 預期未來利率上升時

此時，如想購買金融商品的話，選擇機動利率會更有利。因為如果市場利率上升，機動利率型的金融商品利率也會隨之調漲。相反地，選擇固定利率的金融商品就無法受益於利率上升，因而蒙受損失。

如果是房屋貸款，則是固定利率更有利。因為即使市場利率上升，固定利率的貸款利率仍然會保持原來較低的利率。相反地，機動利率的貸款則會因為市場利率上升而導致還款金額增加，而造成損失。

② 預期未來利率下降時

此時，如果要購買金融商品，選擇固定利率會更有利。因為即使市場利率下降，固定利率型的金融商品利率仍將保持不變，高於市

如何選擇固定利率和機動利率

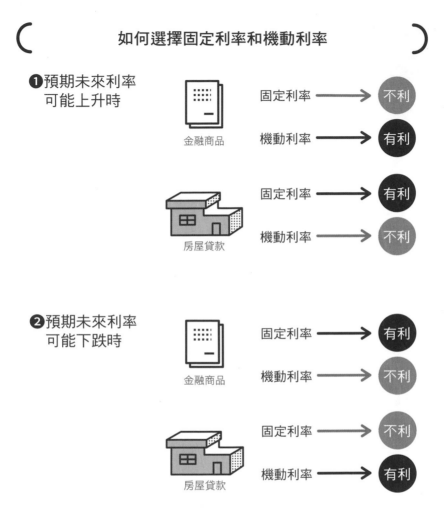

❶預期未來利率
可能上升時

金融商品　固定利率 ⟶ 不利

機動利率 ⟶ 有利

房屋貸款　固定利率 ⟶ 有利

機動利率 ⟶ 不利

❷預期未來利率
可能下跌時

金融商品　固定利率 ⟶ 有利

機動利率 ⟶ 不利

房屋貸款　固定利率 ⟶ 不利

機動利率 ⟶ 有利

場利率。相反，機動利率型的金融商品則會隨著利率下降而降低利
息收入，因此受損。

　　如果是房屋貸款，則機動利率更有利。因為如果市場利率下降，
貸款利率也會下降。相反，固定利率的貸款，即使市場利率已經下
降，仍須繼續支付原來的高利率而受損。

1.5

為何通常貸款利率會高於存款利率？

銀行會將資金調度的成本，例如支付給存款人的「存款利率」，再加上銀行的利潤後，決定對企業或個人放貸的「放款利率」。

▶ 銀行的利潤來自放款利率和存款利率的差額

企業或個人會將閒置的資金作為存款存入銀行。銀行則將這些存款再出借給需要資金的企業或個人。

銀行就是扮演這樣的**金融中介角色**，負責撮合想要把錢借出去的人和想要貸款的人之間的交易（見下圖）。

銀行從存款者和金融市場收集資金，進而出借這些資金；而支付這些收集資金的利息，也就是銀行的「**資金調度成本**」。

銀行會將放款的利率，設定在高於資金收集的成本之上，這個差額被稱為「**利差**」，也是銀行的利潤。因此，存款利率和放款利率之間存在以下關係：

• 存款利率＜放款利率

當我們從銀行借錢時，我們的貸款利率總是會高於銀行的存款利率，那是因為銀行除了存款利率等的資金調度成本之外，還需要加

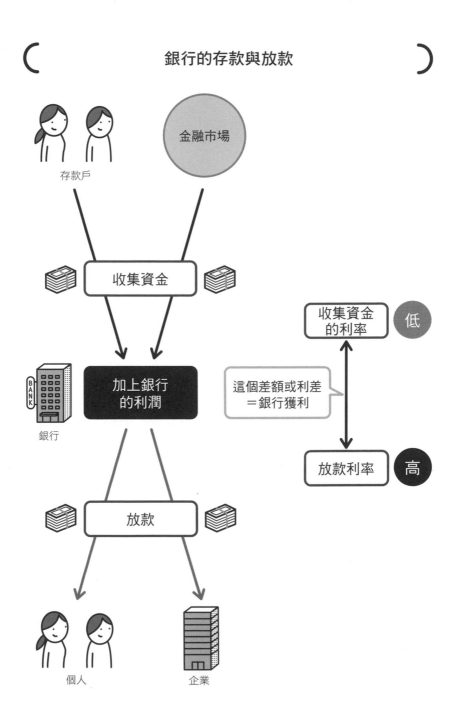

上銀行的利潤。

　　例如，銀行以年利率1%的存款利率吸收1億日圓的存款，再以年利率3%貸款給企業，以下，我們來計算一下銀行一年可以賺取多少利息差額（不考慮稅金因素）。

• 銀行支付給存款人的金額

1億日圓×1%×1年＝100萬日圓

• 銀行從貸款客戶收取的金額

1億日圓×3%×1年＝300萬日圓

　　所以，銀行的利差為200萬日圓（300萬日圓－100萬日圓）。

▶ 貸款和存款時間越長，利率就越高

　　利率會隨著期間的長短而不同，例如1個月和10年的利率就完全不同。以下就是依據存貸款時間長短，比較利率的關係如下：

> • 貸款期間較短的利率＜貸款期間較長的利率
> • 存款期間較短的利率＜存款期間較長的利率

　　對於出借資金的銀行而言，長期的放款存在各種風險。有可能一個突發的事件，就極可能導致放款無法收回。

　　因此，考慮到債權可能無法收回的風險，所以隨著放款的時間增加，利率也會相應提高。通常，金融市場的利率水準也會隨著時間的增長而增加（殖利率曲線→3.3節）。

　　另一方面，存款人也會認為：「因為有我的長期存款，銀行就能夠長期運用我的資金。因此，存款時間越長，利率越高，也是理所當然的。」

1.6

利率的變動對個人
有何影響？

利率上升對於把錢拿去投資的人有利，利率下降則對於房屋
貸款等貸款者有利。

▶ 利率上升對房屋貸款人不利

首先，讓我們先看看利率上升的案例。

銀行利率上升的話，最煩惱的應該是房貸的貸款人。

假設，房屋貸款人向銀行借了3,000萬日圓，房貸利率為3%，還
款期限為25年。此時，每月的還款額約為14.2萬日圓（不含部分
提前還款），但是，隨著利率的上升，每月的應還款金額也會如以
下計算逐漸增加（以貸款3,000萬日圓為例）。

- 如果利率上升1%，房貸利率變為4%，則每月的還款金額約16
  萬日圓
- 如果利率上升2%，房貸利率變為5%，則每月的還款金額約
  17.5萬日圓

每個月增加2～3萬日圓的房貸支出，對一個家庭而言，可說是
一筆龐大的負擔，可能導致經濟上的壓力，說不定還必須縮減給

利率波動對房屋貸款人的影響很大

背負房貸的受薪階級

利率上升 → 還款金額增加

利率下降 → 還款金額減少

「父母的孝親費」等。

　　但是，在日本因為有所謂的「5 年法則[6]」，銀行即使與房貸客戶簽訂的是機動型的房貸利率，在房貸開始的 5 年內，即使利率上升，仍會保持每月還款的金額不變。這或許會讓某些人覺得很「安心」。但是，如果仔細查看房屋貸款的內容明細，每月的還款金額可能沒變，但是最後支付的總金額還是會增加。這是因為隨著利率上升，利息的金額當然也會增加，只是延後支付罷了。

6　日本房貸有所謂的「5 年法則」，即房貸開始的 5 年之內，每月應支付的房貸金額不會因利率的波動而有所改變，目的是保護貸款人不至於因利率上升而繳不起房貸，造成經濟問題。後 Part 9 有詳述。

受利率波動影響較大的退休人士

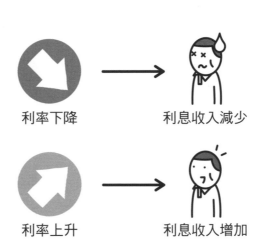

退休後，仰賴退休金以及
儲蓄維持生活的退休人士

利率下降 　　　　　利息收入減少

利率上升 　　　　　利息收入增加

▶ 利率上升，機動利率型的金融產品受惠

　　利率上升也會有人開心。

　　當利率上升時，定期調整利率的「機動利率型」金融商品的利率
也會隨之調升，因此購買這類商品的投資人就會獲得好處。例如，定
期存款和開放一般投資人購買的政府公債，都有機動利率型的商品。

　　政府公債的銷售有針對個人、標售等不同種類，我們在下一節會
有詳細的解說。以下先以開放一般投資人購買的10年期公債，利
率每半年調整一次的機動型利率為例來說明。

　　這個針對一般投資人所發行的10年期公債，條件為：票面利率[7]

7　票面利率：政府發行債券時所約定支付的利率。

＝基準利率（％）－0.8％。這裡所謂的基準利率就是這個「10年期政府公債」發行當時，政府所決定的利率。也就是說，如果當時政府的基準利率是2%的話，則這個10年期公債的殖利率[8]則為：

$$2\% - 0.8\% = 1.2\%$$

假設，從現在開始，利率上升，基準利率調高到3%。則上述的10年期公債殖利率也會隨之上升至2.2%（3%－0.8%）。

▶ 利率下跌對退休者不利

接下來，我們看看如果利率下跌的話，會發生什麼狀況？

利率下跌，最煩惱的不外乎是退休後依靠退休金及儲蓄維持生活的人。隨著利率的調降，他們能獲得的利息收入也會減少。

1990年代初期，日本曾經出現過定存利率超過2%、10年期公債殖利率也接近5%的時代，這樣的利率與現今的低利率相比，已經算是高利率時代了（參見下圖）。那是因為當時的日本經濟成長仍然強勁，還沒有陷入泡沫經濟破滅後的通貨緊縮（→4.2節）。

以下，我們以一筆2,000萬日圓的退休金為例，如果將這筆退休金分別存入銀行定存或是購買公債，如果年化報酬率為5%，那麼每年的收益則是：

$$2{,}000萬日圓 \times 5\% = 100萬日圓$$

每月約有8萬日圓的收入（不考慮稅金因素，下同）。另一方面，如果此筆退休金在退休的當時，立即購入1,000萬日圓、票面利率

8　殖利率：政府公債受到市場因素影響，使得債券價格和利率受到波動，也就是債券的實質報酬率稱之為債券殖利率。

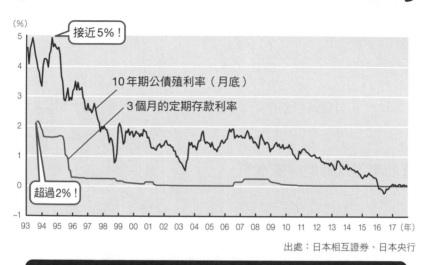

3個月的定期存款利率和10年期公債殖利率的走勢

（%）

接近5％！

10年期公債殖利率（月底）

3個月的定期存款利率

超過2％！

93 94 95 96 97 98 99 00 01 02 03 04 05 06 07 08 09 10 11 12 13 14 15 16 17（年）

出處：日本相互證券、日本央行

低利率，仰賴退休金過活的退休人士會很痛苦

5％的10年期公債，那麼在往後的10年之間，可獲得的利息為：

$$1,000萬日圓 \times 5\% \times 10年＝500萬日圓$$

每年可獲得50萬日圓的利息（每月約4萬日圓）。如果通貨膨脹率（物價上漲率）不高，這樣的利息收入是還不錯的收入來源。

然而，在近來超低利率的經濟條件下，上述的退休計畫完全變成了美夢一場。由於無法再依靠利息收入，反而必須提領存款來過活，會對未來感到相當的憂慮，不知道會再發生什麼事。

相反地，利率下跌對於房貸的繳款人而言，則是非常開心。每月的還款金額減少了，也可以儘快提前返還本金。如果正在考慮購買房屋的人，現在的低利率無非是一個機會。

1.7

利率波動對企業的影響？

利率上升，企業的利息負擔會變得更沉重。利率下降，企業
比較會加大設備投資的力道，或使得公司債的發行量增加。

▶ 企業為何寧願支付利息也要向銀行借錢？

企業為何寧願支付利息從銀行調度資金呢？主要有兩個原因：

① 添購設備需要資金

企業在推展新業務和擴充產能時，需要大量的資金用於各種的
「設備投資」，例如建造新的廠房、購買生產機器和軟體設備等。如
果自有資金不足，就必須依賴貸款等方式來籌措所需資金。

也許有人會想：「為什麼不等到資金充裕了，再進行設備投資
呢？」但是，商業世界競爭激烈，速度往往是成功的關鍵。如果等
待的時間太長，競爭對手可能會率先推出新產品，並獨占市場。

因此，許多企業明知會增加利息負擔，也會選擇向銀行貸款，以
進行設備投資。

② 需要營運資金

除了投資設備的資金外，企業還需要資金來維持日常營運，例如

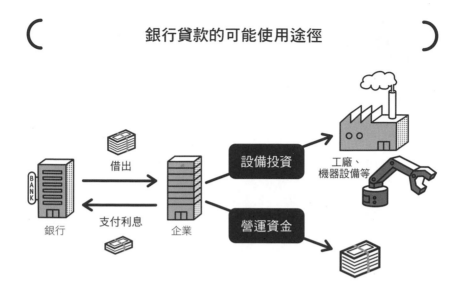

銀行貸款的可能使用途徑

借出

支付利息

銀行

企業

設備投資

工廠、
機器設備等

營運資金

原材料購買費用等,這些費用稱為「**營運資金**」。如果企業能夠用現有的資金或銷售收入來支付這些費用,那是最好不過。但是,企業有時也可能面臨問題:可能是由於銷售不佳或呆帳等原因,導致支出超過收入,造成營運資金不足。

此外,企業間的商業往來,有時可能要3個月之後才能收到銷售款項,而在此期間也可能造成暫時性的資金缺口。在這種情況下,如果沒有從銀行借款因應,企業就可能面臨生存問題。

▶ 利率上升則利息負擔增加,企業容易陷入困境

如上所述,企業從銀行貸款並支付利息,因此利率的波動會對企業造成各種影響。首先,如果利率上升,企業必須支付更多的利息,就造成企業更多的負擔。

企業貸款時需要支付利息(=利息費用),相對地,企業如果出借資金或進行投資,也可以收取利息(=利息收入)。因此,企業

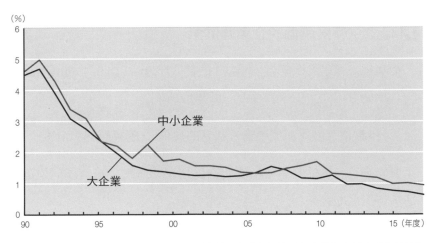

中小企業的利息負擔比大企業沉重

（%）

中小企業

大企業

90　　　　　95　　　　　00　　　　　05　　　　　10　　　　　15（年度）

※作者根據日本財務省（相當於台灣的財政部）的資料製表

的利息負擔等於「利息費用－利息收入」。

　　從上圖可以看出，中小企業的利息負擔遠比大企業沉重。這意味著利率上升對中小企業的影響尤為嚴重，而大企業負擔較輕的原因則有以下二點：

① 上市公司可藉由增資的手段籌措資金

　　股票上市的公司，可以增加股票的發行來籌措資金，增加資本額（也就是增資）。而企業發行股票，也不用返還資金給投資人。

② 較多屬於優良企業

　　優良企業的內部往往會累積大筆的「保留盈餘」（Retained Earnings），因此不必向銀行借錢或發行公司債。使用資本金和內部保留盈餘來經營企業的方式，稱為「零負債經營」。

　　在日本東京證券一部的上市公司中，就有許多所謂「零負債經

營」的企業，例如豐田汽車（TOYOTA）、任天堂（ Nintendo）、FANUC、佳能（Canon）、信越化學工業等皆是。

▶ 借款依存度越低的企業越健全

企業是否需要籌措資金，可由「借款依存度」（**Debt Equity Ratio**）的試算便可得知。借款依存度的計算公式如下：

借款依存度（％）＝應付利息的負債 ÷ 總資產 ×100％

所謂應付利息的負債是指需要支付利息的借款，總資產則是指包括負債的全部資產。

所以說，借款依存度越低，財務狀況就越健全。優良企業的借款依存度必須低於25％，而借款依存度超過50％的企業常常被視為不良企業。對於中小企業而言，理想情況也是希望借款依存度能低於50％。但實際上，借款依存度超過50％的中小企業並不罕見。

在日本，中小企業向銀行貸款的比例非常高。企業貸款約占銀行整體放貸金額的60％左右，其中的70％主要就是中小企業的貸款（也就是中小企業貸款約占銀行總體放貸金額的40％以上）。由此可見，中小企業的資金調度高度依賴銀行的貸款。

如果貸款利率上升，企業的利息負擔就會加重。財務狀況良好的企業有如養分充足的大樹，可以承受這樣的壓力，但財務較為脆弱的企業，則猶如營養貧瘠的小樹（高借款依存度的中小企業），可能會隨時倒下。

企業若是過度增加借貸，除了貸款本金的負擔外，還可能因為利率上升而增加利息支出，最壞的情況還可能面臨破產。為了避免這種情況，當利率上升時，企業會避免新的借貸，或是在利率進一步

日本國內銀行的放貸對象與放貸比率

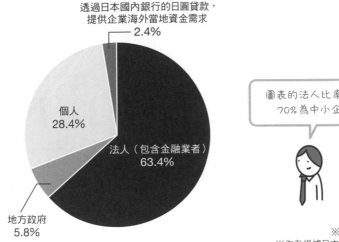

透過日本國內銀行的日圓貸款，
提供企業海外當地資金需求
2.4%

個人
28.4%

法人（包含金融業者）
63.4%

地方政府
5.8%

圖表的法人比率中，
70%為中小企業

※2017年9月底
※作者根據日本央行資料製表

攀升之前儘快還清債務。這也會使得需要大量資金的設備投資和新事業的展開變得比較消極。

▶ 利率下跌則企業投資設備的意願變高

相反的，當利率下跌時會發生什麼？由於利息的負擔減輕了，更有利於企業從銀行借入新資金用於新業務和設備的投資。

還可以借新還舊，也就是借一筆較低利率的資金，以償還之前較高利率的貸款。

如此一來，企業的利潤也將增加。

從貸款公司和個人的角度來看，利率下跌都是值得感謝的利多。尤其是對於利息負擔較重、易受利率上升影響的中小企業來說，降息可以說是「救命稻草」。

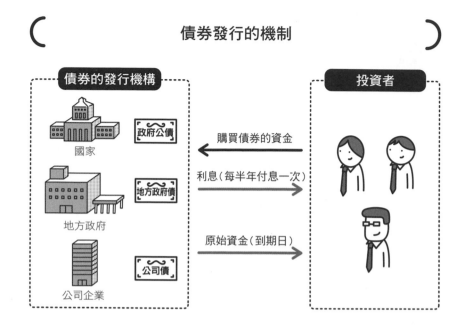

債券發行的機制

債券的發行機構 → 投資者

國家　政府公債

地方政府　地方政府債

公司企業　公司債

購買債券的資金

利息（每半年付息一次）

原始資金（到期日）

▶ 利率下跌則企業發行債券的優勢增加

同樣地，當利率下跌時，更多的公司會利用發行「債券」來籌措資金。

債券即是指政府、企業（稱為**發行機構**）為了籌措資金，事先承諾投資人給付利息的方式與到期返還本金所發行的憑證。由國家發行的債券稱為「**政府公債**」（簡稱公債），由地方政府發行的債券稱為「**地方政府公債**」，由企業發行的債券則稱為「**公司債**」。

一般而言，購買債券的投資人每半年會收到一次利息，並在「**到期日**」時收回本金。投資人也可以在到期日之前出售債券，但兌現的價格也有可能低於購買價格。

如果債券的發行人破產了，此時利息和本金的償還都會中止，導致債券「**違約**」（Default），債券持有人也會因此蒙受損失。

公司在利率下跌時發行公司債，大致有以下兩個原因。

① 可使用固定利率長期借款

採用固定利率，即使利率上升，企業也可以持續以低利率履行借款直至到期日為止。換言之，當利率處於非常低的狀態時，正是企業發行債券的最佳時機。

② 經濟不景氣，銀行融資不易的另一種資金籌措管道

經濟衰退期間，由於公司股價下跌和銀行不良債權的增加，銀行對於放貸往往比較謹慎。此時，公司可能無法順利從銀行籌措到足夠的資金。在這種情況下，較大的企業會發行公司債來籌資，也是一種資金調度的選擇。

通常公司債的發行對象都是銀行和保險公司，但近期為了擴大資金來源，還有只針對一般投資個人發行的「**一般投資人公司債**」。自2011年以來，每年的發行總額大致落在1兆3,000億至1兆6,000億日圓左右的水位。

而投資人購買的理由，大都是因為公司債的利率，高於存款和政府公債的利率，對於因超低利率而不知如何投資的個人而言，公司債似乎是一種深具吸引力的投資標的。也就是說，企業將籌措資金的來源擴展至個人，和個人投資人想尋求更有利投資標的的需求不謀而合罷了。

1.8

越是深入了解利率，越能取得多重優勢

了解利率的相關知識，不但可以幫助個人的投資理財，還能挖掘商機和控管風險，在許多方面皆能受用。

▶ 聰明選擇房貸條件，更易於掌握資金的運用

如果了解利率的運作方式及利率波動的原因，就能夠預測日本經濟和利率的走勢，也較能在業務和投資理財上做出正確的判斷。

例如，如前面第1.4節所述，了解利率在選擇房屋貸款和金融商品時非常有用。可以有效地降低房貸的利率，以及從眾多金融商品中選擇最有利的商品。

特別是，在利率方面有豐富知識的人和沒有這方面知識的人，在投資的績效上差別會很大。雖然投資的初期表現可能差異不大，但是10年或20年後，這種差異將會變得愈發明顯。

現在是一個講求個人投資理財的時代。想要提高自己在投資理財上的成績，了解利率真的非常重要。

▶ 看懂利率可以預測經濟趨勢

如果能夠好好吸收利率相關的知識，對工作上應該會有很大的幫

助。不論是在銀行、證券公司等金融機構工作的人，負責財務和會計的人員當然更需要這方面的知識，但對於一般商業人士而言也同樣重要。

掌握了利率的知識，對於經濟、金融的相關新聞也能大大提升理解能力，拓展社會視野。

利率的高低主要是取決於金融市場（→2.1節）的資金交易，但這樣的機制並不簡單。這是因為利率與推動經濟的各種因素息息相關，而且彼此互相影響。

這些因素包括了**經濟景氣、物價、外匯市場、股票市場、日本央行的金融政策以及政府的財政政策**等現狀，以及對未來的預測。

因此，**解讀市場利率的趨勢也有助於了解未來日本經濟的發展走向**。

換言之，「看懂利率」就等於「預測經濟的未來走勢」。對於商業人士而言，預測經濟未來走勢已經成為不可或缺的技能

透過利率能夠預測經濟動向，這不僅對選擇房屋貸款或資產投資有所幫助，也能在各種場合中發揮作用。

例如，透過對產業或企業的前景分析，可以幫助開拓新的交易夥伴和啟動新業務。

同時，如果知道交易的對象是屬於對利率波動較為敏感的產業，利率上升很可能造成對方的訂單減少或者應收帳款的延遲等風險。如果能事先察覺利率上升可能帶來的風險，就可以在工作中採取相應的對策。

▶ 減少被金融詐騙的風險

了解利率，就可以大幅減少被金融詐騙的風險。

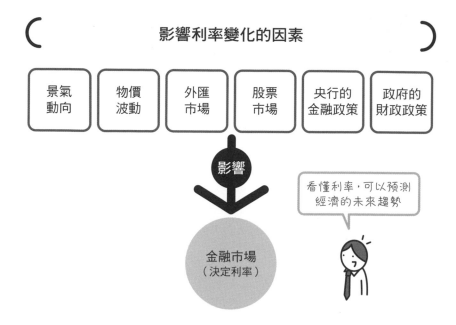

影響利率變化的因素

| 景氣動向 | 物價波動 | 外匯市場 | 股票市場 | 央行的金融政策 | 政府的財政政策 |

影響

金融市場
（決定利率）

看懂利率，可以預測
經濟的未來趨勢

　　每個人都想「變成有錢人」，常常也因為這樣的欲望，使得詐騙集團有機可乘，經常透過不尋常的高額利率誘騙投資人上當。如2009年日本曾經爆發的「圓天事件」就是個典型的例子，受害者高達5萬多人。該事件是由一家名為L&G的健康食品公司利用虛擬貨幣的手法，以「年利率36%」的高配息誘使許多人投入了巨額的資金，事件爆發後，使得許多中老年人頓時失去退休金的依靠。

　　會遭遇金融詐騙，主要還是因為對利率的認知不足。以年利率36%為例，如果將3,000萬日圓存入銀行，1年就會有1,080萬日圓（3,000萬日圓×36%）的收益。在目前的金融市場，要想1年之內將3,000萬日圓增加到4,000萬日圓，根本就是不可能的事。

　　如果被害人能稍稍具備利率的相關知識，就能了解「一年賺36%的風險投資，實在高得不合理，太危險了」。

Part 2

解讀決定利率的
金融市場基本機制

2.1

金融市場是借貸雙方資金流通交易的場所

銀行透過金融市場籌措資金與運用，而形成利率。

▶ 利率由金融市場決定

當蘿蔔盛產價格便宜時，無論在哪裡都很便宜；而當蘿蔔價格昂貴時，到處都很貴。不會在A超市一根150日圓，在B超市卻要500日圓這樣的差距。

這是因為每家超市不會恣意地決定蘿蔔的價格，蘿蔔的價格是由果菜批發市場的競拍所形成的。換句話說，每個超市都以批發市場所決定的價格進貨，然後加上各自的利潤才上架銷售，因此任何地方的價格都不會有太大的差距。

銀行的存款利率和房貸利率的決定方式也很類似。如果比較各種金融商品的利率，就會發現，或許會有些微的差異，但基本上差異並不大。例如，定期存款（存款期限1年）的利率，在A銀行是0.07%、B銀行是0.1%、C銀行剛好有優惠活動為0.3%，差異不是很大。然而，絕不會有任何銀行願意提供高達5%或6%的高利率。為什麼呢？

銀行與金融市場的關係

提供資金 → 金融市場 資金交易 → 借調資金

資金充沛的銀行

資金不足的銀行

決定利率的高低

　　正如第1.5節的說明，銀行是從存款人和金融市場處籌措資金，再放款給企業和個人。

　　銀行如果吸收了大量存款而資金充沛，就可以利用「**金融市場**」的資金交易，貸款給存款不足而資金短缺的銀行。

　　所謂「金融市場」簡單來說，就是提供借方和貸方資金媒合的地方。也就是以銀行為主的眾多金融機構，每天自由進行資金交易的地方。所以，利率的高低完全取決於金融市場上的供需平衡（→4.1節）。

　　銀行就是以金融市場的利率為基準，加上銀行自身的利潤來決定存款和房屋貸款的利率。因此，各家銀行的利率自然會趨向相似。

　　所以，金融市場的利率就像果菜批發市場的競拍一樣。批發價格低的蘿蔔售價自然便宜，批發價格高的蘿蔔售價也一定會上漲，存款和房貸的利率也會隨著金融市場利率的上漲而上升，下跌而下降。

2.2
金融市場根據交易期限長短可分為兩種

深入了解短期和長期的金融市場至關重要

▶ 短期的貨幣市場和長期的資本市場

① 貨幣市場[1]（Money Market）

金融市場中以期限長短區分，期限在1年以內的交易市場即為貨幣市場。期限在1年以內的利率就稱為「短期利率」。

短期利率主要分為當日借隔日還的**「隔夜拆款利率」**，和隔夜拆款利率以外的**「期約票券利率」**。期約利率中最具代表性的是在3個月後還款的「3個月期利率」。

② 資本市場[2]（Capital Market）

這是交易期限超過1年的交易市場。所以期限超過1年的利率也被稱為「長期利率」。

1　貨幣市場在日本稱為「短期金融市場」。

2　資本市場在日本稱為「長期金融市場」。

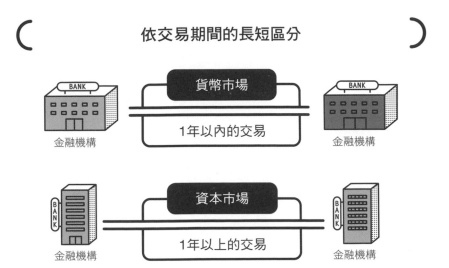

依交易期間的長短區分

貨幣市場

1年以內的交易

金融機構　　　　　　　　　　　　　　　金融機構

資本市場

1年以上的交易

金融機構　　　　　　　　　　　　　　　金融機構

短期利率和長期利率的波動與我們的生活息息相關，所以，我們應該時刻關注這些利率的變化。

例如，新聞報導出現了一則消息：短期的貨幣市場預測未來，央行會有升息的意向，市場利率可能因此呈現強勢上揚的趨勢。

此時，A先生不知道這件事，而將100萬日圓存入定期存款，到期前利率不變（存款期限3年，年利率1%）。另一方面，B先生則時時關注市場資訊，將100萬日圓存入機動利率型的定期存款（存款期限3年，年利率0.8%，採用單利計息）。假設將來每年利率上升0.5%，A先生和B先生收到的利息將有相當大的差異（不考慮稅金因素）。

① A先生收到的利息

100萬日圓×1%×3年＝3萬日圓

② B先生收到的利息

・第1年→100萬日圓×0.8%＝8,000日圓

・第2年→100萬日圓×1.3%＝1萬3,000日圓

- 第3年→100萬日圓×1.8%＝1萬8,000日圓
- 總計→3萬9,000日圓

2.3

只有金融機構能參加的銀行同業拆款市場

同業拆款市場是指金融機構之間的資金融通市場

▶ 貨幣市場又分為2種

1年以內金融商品所流通的「貨幣市場」，可再區分為以下2種常見的市場（參見下圖）。

① 同業拆款市場[3]（Inter-bank Market）

只有銀行和證券公司等金融機構才能參與的市場，主要是金融同業之間相互進行資金的融資與流通。參與的金融機構除了銀行之外，還包括信用合作社、證券公司、保險公司、期貨公司等。

② 票券市場[4]（Open Market）

而票券市場，除了銀行、證券公司等金融機構外，還有商社等大型企業和地方自治團體參與。與同業拆款市場相比，最大的不同在

---

3 同業拆款市場，日本稱為「銀行間市場」。

4 票券市場在日本稱為「開放市場」（Open Market）。在台灣因以票券交易為主則稱為「票券市場」。

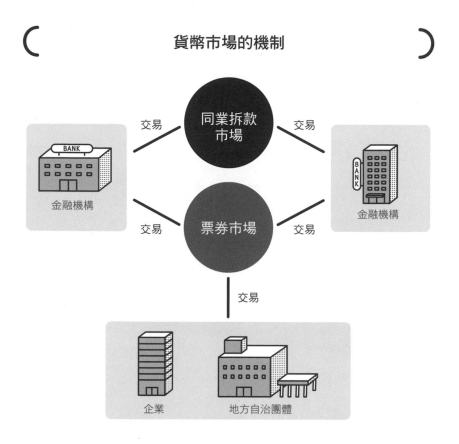

貨幣市場的機制

同業拆款市場

票券市場

交易　交易

交易　交易

交易

金融機構

金融機構

企業

地方自治團體

於參與者不僅限於金融機構。由於參與者的範圍廣泛，因此在日本稱為「開放市場」。

　　同業拆款市場和票券市場又是如何交易的呢？實際上，雖然字義上說是「市場」，但並非像股票交易的東京證券交易所一樣，在某個建築物裡面設置了交易場所。事實上這是一種虛擬的市場，都是透過電話和專用終端機進行資金的交易。因為整個交易網絡密集交錯，所以也稱之為「市場」。

　　交易的機制與股票交易也不同。首先，股票交易會有大量投資人的買賣訂單集中在證券交易所，證券交易所再將買賣雙方的條件進

行撮合，達成交易。

相較之下，貨幣市場的交易則是買賣雙方直接交易的「議價交易」。只要出借人和貸款人都同意，任何利率的交易都可以成立。

在這裡，我們可以先介紹一下同業拆款市場。

銀行在日常業務中收取存款並放出貸款，但收取的存款與放出的貸款金額很少是完全相等的。

存款有時也可能過多地集中而導致資金過剩，或者放貸過多而導致資金不足。例如，商業銀行可能會因為借出去的款項太多而導致一時資金不足，而地方性的農會、合作社等則可能因為無法充分運用存款資金而經常出現資金過剩的狀況。

如果缺少資金，即使客戶有資金需求也無法提供貸款。反之，有過剩的資金，將其閒置不用就是浪費。如果將資金放貸出去，就可以賺取利息。

因此，銀行之間就會在同業拆款市場上進行相互的資金調度。

▶ 以「無擔保隔夜拆款」為主的短期拆款市場

同業拆款市場主要是以「短期拆款市場」（Call Market）為主，包括短期外匯資金供需調整的「美元拆款市場」以及幾近消失的「票據交易市場」，但這裡只介紹主要的短期拆款市場。

銀行在業務營運的過程中，短期內的資金過剩或不足是常有的情況。而「短期拆款市場」，主要是提供銀行之間短期資金的調度，當銀行將過剩的資金借出之後，如有需要也可隨時回收，因此在日文及英文名稱上，就取其隨時可「Call」回之意。

「短期拆款市場」又可分為：需要擔保品的「**附擔保拆款市場**」和無需提供擔保的「**無擔保拆款市場**」兩種。

若以拆借的時間來分，又可分為：當日拆借當日清償的「**當日拆**

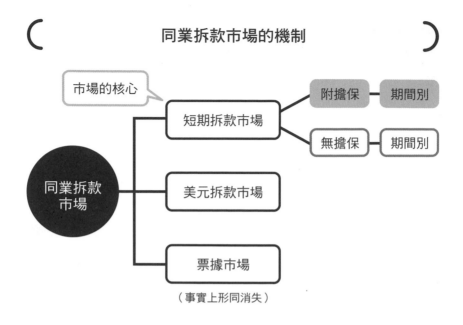

同業拆款市場的機制

市場的核心 → 短期拆款市場 → 附擔保 期間別 / 無擔保 期間別

同業拆款市場 → 短期拆款市場 / 美元拆款市場 / 票據市場（事實上形同消失）

款交易」、隔日（次營業日）清償的「隔夜拆款」（**Overnight Call**）、以及1年後還款的「**1年期**」等等交易。

值得一提的是，截至2017年11月，日本的拆款市場交易額已達8兆9,180億日圓（提供擔保的有2兆3,529億日圓，無擔保交易有6兆5,651億日圓）。

短期拆款市場的主要交易則為「**無擔保隔夜拆款**」。也就是沒有任何擔保品的借款交易，並且在次個營業日即進行清償。

交易單位最低為5億日圓，並以1億日圓為單位增加，但實際上主流的交易單位則是50億日圓、100億日圓等非常大的金額。

所以，通常有剩餘資金的銀行就會將資金出借給其他銀行，以賺取利息收益。相反地，缺乏資金的銀行也會借入資金以填補當日的資金缺口。

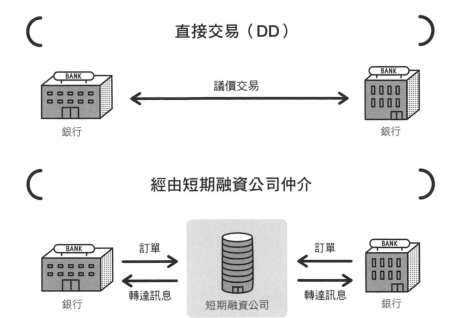

▶ 分為直接交易和透過短期融資公司的仲介交易

短期拆款市場的交易方式，有銀行之間根據各自資金供需的「直接交易」（**Direct Dealing, DD**），和透過「**短期融資公司的仲介交易**」。銀行之間的結算則是透過**各銀行在日銀（日本央行）的活期存款帳戶**進行結算。

所謂的「**短期融資公司**」是指在短期金融市場上，扮演銀行之間借貸款交易的仲介角色，或者是實際貸款、借款給銀行的融資公司。

短期融資公司因為與許多銀行都有資金的往來，所以透過短期融資公司的仲介，可以更容易找到更有利的借貸對象。在日本的短期融資仲介公司，由於經過產業的整合，目前只剩「上田八木短期融資」、「中央短期融資」和「東京短期融資」三家。

2.4

票券市場不僅限於金融機構的參與

票券市場是一個非僅限於金融機構能參與的市場，還包括其他機構法人和自然人。在此市場中，交易也更多樣化。

▶ 票券市場的5種主要交易

票券市場的交易非常多元，也是各種專業金融商品的交易市場。其原因在於市場上存在各種不同的資金需求與運用，交易商品也因此隨之增加。以下是幾個主要的交易商品：

① 可轉讓定期存單（Certificate of Deposit, CD）

所謂的「**可轉讓定期存單**」（**CD**）是指定期存款在到期日之前可以自由買賣的存款憑證。無論任何時候都可以依照合理的價格兌現的金融商品，屬於「**流通性高**」的金融工具。通常發行的面額較大，所以CD也被稱為「高流通性的大額定期存款」。當然，CD也可以像普通定期存款一樣，到期收取利息和回收本金。

② 商業本票（Commercial Paper, CP）

CP（商業本票）主要是一些評價為信譽良好的企業，基於籌措短期資金所發行的一種短期公司債。在過去CP就是本票，也就是

「載明付款日期與付款金額的到期付款支票」，但現在已經有所改變。投資人以銀行和保險公司等等為主。這是信譽良好的企業籌措短期資金的一種便利工具，和銀行貸款一樣廣被企業使用。

③ 國庫券（Treasury Discount Bills, T-Bill, TDB）

國庫券（**TDB**）是一種政府債券，日本早期的國庫券分為：短期貼現公債[5]（Treasury Bills, TB）和政府短期債券[6]（Financing Bills, FB），並在2009年2月整合為現在的TDB。

TB的發行目的主要是用於償還舊有的短期貼現公債，以借新還舊的方式，不但可以增加國庫券的種類，也可以讓國庫券市場更為順暢。所謂「償還國庫券短期貼現公債」是指政府必須在該公債的到期日，支付該短期貼現公債持有人的公債原始本金。「借新還舊」則是為了確保政府資金確實足夠償還到期的公債，而發行新的短期貼現公債。

另外，FB發行的主要目的則是，調節政府在一定的財政年度內國庫資金的暫時缺口。

④ 附買回交易（Repo, Repurchase Transaction）

「附買回交易」是指以現金作為擔保的一種債券（主要是政府公債）借貸交易。其借貸關係如下：

* 借出債券的一方→收取現金作為擔保（資金調度方）
* 借入債券的一方→支付現金（資金投資方）

⑤ 債券附買回交易（Repurchase Agreement, RP）

買賣雙方事先約定，債券出售的一方「將來依雙方協議的價格」

5　短期貼現公債：相當於台灣的乙種國庫券。

6　政府短期債券：相當於台灣的甲種國庫券。

買回債券。債券出售的一方可藉由債券贖回之前的時間運用該資
金。

2.5

短期利率的基準是什麼？

日本的基準利率是TIBOR，國際的基準利率則是LIBOR。

▶ TIBOR 是日本國內銀行同業之間的平均拆款利率

　　根據前面的2.2節，「短期利率」一般可分為「隔夜拆款利率」和「期約票券利率」兩種。其中，隔夜拆款利率的基準是「無擔保的短期拆款市場利率」（2.3節），而期約票券的利率基準就是「TIBOR」（Tokyo Interbank Offered Rate，東京銀行間同業拆款利率）。

　　TIBOR的利率是由日本全國銀行協會（簡稱全銀協）（Japanese Bankers Association，簡稱JBA）下的TIBOR營運機構每個營業日定時發布。TIBOR的計算方法在2017年7月24日曾進行修改，目的是為了更貼近市場的實際利率水準。

　　以前的計算公式是由全銀協收集所謂的「參考銀行」（Reference Bank）每日報價給同業的短期拆款利率，然後再取其平均值作為TIBOR的當日利率。其中所謂的「參考銀行」即是全銀協所評定的17家金融機構。但由於計算的基礎僅是報價利率，並不是市場的實際交易利率，因此，被認為無法準確反映市場的實際情況。

因此，修改後的計算公式使用了更多的數據，例如交易雙方各自的期望利率趨勢值及可轉讓定期存單的交易利率等等，以反映更真實的市場情況。

《日本經濟新聞》的「金融市場綜合」的版面，每天會刊載當日的「TIBOR」。

▶ Euroyen TIBOR 是日本離岸日圓資金的平均拆款利率

TIBOR又可分為離岸日圓的「Euroyen TIBOR」（＝ZTIBOR）和日本國內日圓的「JPY TIBOR」兩種，按拆款期限又分為1W（週）、1M（月）、2M、3M、6M、12M等共6種利率，每天都會公布在全銀協的網站。

在這裡，我們必須先解釋一下在資金交易市場中非常重要的「Euro」一詞。這裡所謂的「Euro」並非指歐元區的單一貨幣「歐元」，而是指「在日本國內以外的流通日圓」的意思。

在1945年至1989年的美蘇冷戰時代，軸心貨幣的美元大量流向美國以外的歐洲等國家，所以在歐洲也有美元的交易市場。之後進而形成歐洲的美元貨幣市場和歐洲的美元債券市場。流通在本國以外的離岸貨幣，不是存放在外國的金融機構便是在國外的居民手中，所以這樣的離岸貨幣就被稱為**「歐洲貨幣」（Euromoney 或 Eurocurrency）**。例如美元，美國國內以外的美元稱為「歐洲美元」（Eurodollar），日本國內以外的日圓就稱為「歐洲日圓」（Euroyen）。Euroyen市場的交易利率以1/32%（＝0.03125%）為議價單位。

① Euroyen TIBOR

所謂Euroyen TIBOR也就是日圓離岸市場的日圓資金交易利率。利率以一年360日計算（360日基礎）。而Euroyen的主要交易市場

為新加坡市場、香港市場和東京離岸市場（在日本國內成立的海外資金交易市場）。

② 日圓TIBOR

日圓TIBOR也就是日本國內資金市場的日圓交易利率。根據日本市場的慣例，利率以一年365日為基礎計算。參考銀行主要以日本國內的銀行為主。

比較Euroyen TIBOR與日圓TIBOR的利率計算基礎，兩者之間有5天的差距，主要是因為Euroyen TIBOR的利率較低。例如，2017年12月29日的3個月期Euroyen TIBOR的利率為0.06300%，而日圓TIBOR利率為0.06727%。此外以360天為基礎計算的Euroyen TIBOR利率比較不會出現太多小數位，因此比較方便於金額的計算。

但是，由於Euroyen TIBOR的國內市場和離岸市場的日圓供需狀況存在差異，而日圓TIBOR的參考銀行的參與銀行不同，所以計算出的利率也不同。因此即使將Euroyen TIBOR以365日為基礎進行計算（Euroyen TIBOR÷360×365），也不會得到與日圓TIBOR相同的數字。

順帶一提，銀行向企業放款時，會在市場利率的基礎上加上一定的利差，稱為「**利差放款**」。這種方法就是在基準利率TIBOR的基礎上加上銀行的利差。

當日銀（日本央行）實行貨幣寬鬆政策時（→4.4節），利率就會下降，但是TIBOR的下降速度有時會比市場實際利率下降的速度慢。

▶ LIBOR是國際短期利率的基準

TIBOR是日本短期利率的基準代表，而國際短期利率的基準則是LIBOR（London Interbank Offered Rate）。

TIBOR 與 LIBOR

TIBOR	日本國內短期利率的基準	日本市場
LIBOR	國際市場短期利率的基準	倫敦市場

　　LIBOR是國際金融市場之一的「倫敦市場」的短期利率基準。以前是由英國銀行協會根據民營金融機構的自主申報進行統計和公布，但自從發生了金融機構申報不實利率的造假事件之後，自2014年2月開始，便由美國證交所上市公司的「洲際交易所集團」（Intercontinental Exchange, Inc., ICE）負責計算和公布。

　　LIBOR被廣泛作為衍生性金融商品交易的基準利率。衍生性金融商品是金融機構等為了降低風險或追求高收益所開發的交易商品。例如利率交換（Swap）交易（→3.6節）就屬於其中之一。

　　但是，英國金融管理局已於2021年底廢止了LIBOR。這是因為自2008年金融危機以來，交易量頓減，指標性變得薄弱。廢除之後，各國央行將負責監管各國自己的貨幣基準利率，因此各國央行也正在展開替代基準利率的篩選。

2.6
短期利率的決定方式

日本的短期利率受到日本銀行貨幣政策的強烈干預

▶ 日銀透過公開市場操作，誘導市場利率

日本銀行（Bank of Japan, BOJ，以下簡稱日銀，就是日本的央行）會透過「公開市場操作」（Open Market Operation）來誘導日本金融市場上的短期市場利率，也就是說，日本的「短期利率」是受到日銀金融政策的強烈干預（有關日銀的貨幣政策將在4.4節詳細說明），其目的是在誘導作為短期利率基準的**無擔保隔夜拆款利率**達到日銀設定的目標基準（無擔保隔夜拆款利率→2.3節）。因為是日銀刻意的操作，所以也稱為「政策利率」，政策利率當然也會因為政策的改變而隨時進行調整。

這裡筆者使用「誘導」一詞，是因為市場的利率本應由金融機構之間自由交易的結果而決定，日銀無法強制決定某一特定的利率水準。因此，日銀透過無擔保的隔夜拆款市場注入或吸收大量資金，來誘導利率達到央行的目標。當日銀藉由無擔保隔夜拆款利率調高利率時，稱之為「**升息**」，反之，調降利率，稱之為「**降息**」。

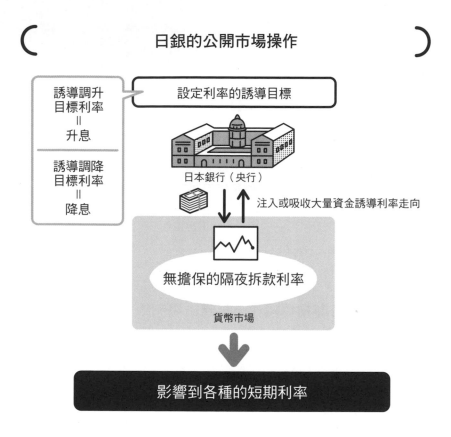

日銀的公開市場操作

誘導調升
目標利率
＝
升息

誘導調降
目標利率
＝
降息

設定利率的誘導目標

日本銀行（央行）

注入或吸收大量資金誘導利率走向

無擔保的隔夜拆款利率

貨幣市場

影響到各種的短期利率

　　在日本央行的干預之下隔夜拆款利率的升、降息，不僅只有影響隔夜的利率，連同1週、1個月、1年期等的交易利率也會相應地上升或下跌。而日銀又會在何種情況下誘導短期貨幣利率呢？

① 日銀考慮進場調升利率的情況

　　考量未來金融市場可能升息，進行誘導利率調升。

② 日銀考慮進場調降利率的情況

　　預估市場將持續維持低利率狀態。

2.7

交易期間在一年以上的資本市場

觀察長期利率最重要的指標是債券市場

▶ 長期金融市場＝債券市場

長期金融市場（資本市場）的核心即是以債券交易為主的債券市場。所以也可以把長期的金融市場等同為債券市場。債券具有相對較長的到期期限，具有較高可信度的投資報酬率，因此，也是許多投資人喜愛的金融商品。

債券市場主要是由證券公司介於債券發行人和投資人之間，扮演債券交易的仲介角色。而債券市場又分為以下兩種：

① 發行市場（初級市場，Primary Market）

初級市場係指資金需求者，例如國家政府、地方自治團體、公民營企業等，為了籌措資金而發行並出售債券的市場。新發行的債券則稱為「**新發行債**」（**Newly Issued Bond**）。

② 流通市場（次級市場，Secondary Market）

次級市場則是持有已發行流通的債券的持有人和想購買債券的投資人的交易市場。已發行流通的債券則稱為「**流通債券**」

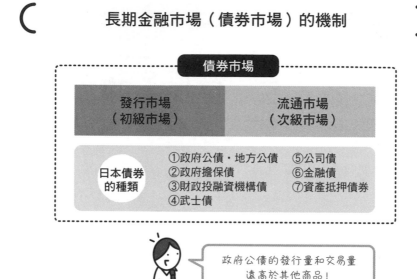

長期金融市場（債券市場）的機制

債券市場

發行市場 （初級市場）	流通市場 （次級市場）

日本債券的種類
①政府公債・地方公債
②政府擔保債
③財政投融資機構債
④武士債
⑤公司債
⑥金融債
⑦資產抵押債券

政府公債的發行量和交易量遠高於其他商品！

（**Outstanding Bond**）。

日本將債券按發行機構區分，可分為以下七種：

① 政府公債・地方公債（Government Bonds・Local Government Bonds）

政府公債由國家發行，地方公債則由地方政府（在日本是都道府縣）或政令指定都市（人口超過50萬人的地方自治團體）所發行。

② 政府擔保債（Government-guaranteed Bonds）

政府對投資的本利（本金＋利息）負保證責任的債券。例如，日本高速公路持有及償債機構、日本政策金融公庫、存款保險機構等獨立行政法人或政府相關機構發行的債券。

③ 財政投融資[7]機構債（Fiscal Investment and Loan Program

---

7 「財政投融資」是指政府為實現一定的產業及社會政策，透過國家的力量鼓

〔FILP〕Agency Bonds）

與②不同的是，這些債券是由獨立行政法人或政府的相關機構發行的，但並未獲得日本政府的擔保。例如，日本政策金融公庫、日本國際協力機構（Japan International Cooperation Agency, JICA）、住宅金融支援機構等，皆有發行此類債券。

④ **武士債**（Samurai Bond）

由日本海外的發行者以日圓發行的債券。例如，外國企業如想在日本籌措資金時，則可發行此類債券。

⑤ **公司債**（Corporate Bond）

企業發行的債券稱為「公司債」。而由民間企業所發行的債券稱為「普通公司債」，銀行、金控等金融機構所發行的債券則稱為「金融機構公司債」。

⑥ **金融債**[8]（Financial Bond）

與⑤不同的是，只有特定的金融機構才能發行的債券。

⑦ **資產抵押債券**（Asset-backed Security）

這也是金融機構所發行的債券，但發行的金融機構必須將其所持有的貸款債權等資產作為債券價值的擔保。其中，以房貸資產為擔保的債券稱為「RMBS」（Residential Mortgage-backed Security，住宅房貸擔保證券），以商業不動產為擔保的則稱為「CMBS」（Commercial Mortgage Backed Securities，商業性不動產抵押貸款證券）。

勵民間參與公共建設投資的一種資金籌措活動。

8 台灣可發行「金融債」的特定金融機構為：儲蓄銀行、專業銀行或是商業銀行。

日本政府公債的發行走勢

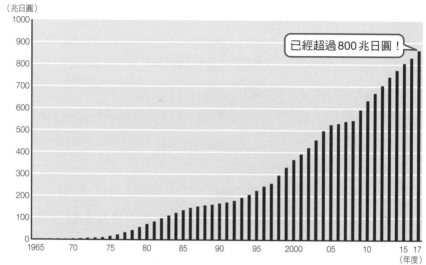

（兆日圓）

已經超過800兆日圓！

※圖表數據為一般政府公債。至15年度為實績，16年度為政府第3次修正後數據，17年度為當年度初次估算數值。

出處：日本財務省

▶ 政府公債是債券交易市場的主角

在前面所提的7種債券中，發行量和交易量最大的是政府公債。在專業的金融人員口中會將此政府公債簡稱為「JGB」，也就是「Japanese Government Bond」（日本政府債券）的縮寫。

而且，政府公債的發行量也是呈逐年上升的趨勢，至2017年12月已大幅成長超過800兆日圓。面對如此巨額的發行金額，政府「是否還應該繼續發行政府公債」也經常受到媒體的質疑與討論。

政府公債如果依到期日的長短，又可分為以下四種：

① 超長天期公債

包括15年期（浮動利率公債）、20年期（附息公債）、30年期（附息公債）和40年期（附息公債）。

② 長天期公債

包括10年期（附息公債）、10年期（通貨膨脹指數連動公債）和10年期（對象為自然人‧採浮動利率型）。

③ 中天期公債

包括2年期（附息公債）、3年期（對象為自然人‧固定利率型）、5年期（附息公債）和5年期（對象為自然人‧固定利率型）。

④ 短期國庫券（Treasury Discount Bills, TDB）

包括2個月期（折價債券）、3個月期（折價債券）、6個月期（折價債券）和1年期（折價債券）。

此外，債券如果按清償日（到期日）區分，也可分為：通常到期日1年以下為「**短天期債券**」、2～5年為「**中天期債券**」、6～10年為「**長天期債券**」、11年以上則為「**超長天期債券**」。

然而，以上的政府公債相關解說中，出現了「固定利率債」、「折價債」等名詞，這些是表示債券的計息及付息方式。債券的利息可以分為以下四種，在金融界中，習慣將債券的利息稱為「**債券息票**」（**Coupon**），而以下③的折價債券，則是因為無利息而被稱為「**零息債券**」（**Zero Coupon Bond**）。

① 附息債

會依照約定期間支付利息的債券。

② 浮動利率債券

每半年調整一次利率的債券。

③ 折價債券（零息債券）

不支付利息，但發售價格比票面價值（到期可收到的金額）便宜的債券。

④ 通貨膨脹指數連動債

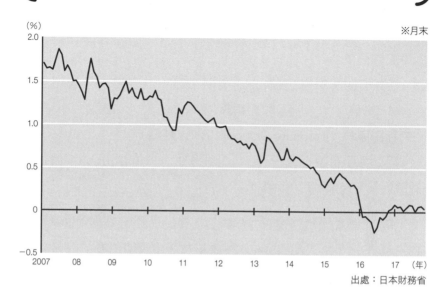

日本10年期政府公債的利率走勢

(%)

※月末

2.0

1.5

1.0

0.5

0

−0.5

2007　08　09　10　11　12　13　14　15　16　17　(年)

出處：日本財務省

是指債券的原始投入本金會隨著通貨膨脹升降而調整的債券。但是，票面利率（Coupon Rate，債券上所記載的利率）是固定的。其債券到期清償的變化如下：

- 通貨膨脹率上升→債券的原始投入本金增加，收到的利息也增加
- 通貨膨脹率下降→債券的原始投入本金減少，收到的利息也減少

▶ 長期利率的指標是「最新發行的10年期公債」殖利率

到目前為止，我們已經介紹了許多不同的政府公債，但如果要說哪一種最重要，那就是「10年期公債」。原因是，10年期政府公債的殖利率已成為長期利率的指標。

長期利率對於日本整體經濟的影響非常廣泛，是一個非常重要的利率。這是因為長期利率的趨勢會影響發行條件，例如政府公債、

公司債等的「票面利率」、「發行價格」（→8.5節）等，以及銀行長期放款的利率基準，也就是所謂的長期基準利率（→4.9節），還有房貸利率等各種利率。

但是，即使是同樣「10年期公債」的名稱，每月也會有各種發行條件不同的「10年期公債」。

在眾多的政府公債中，可作為長期利率整體指標的公債利率（也稱為「**指標利率**」〔**Benchmark**〕），就是最新的「**新發行10年期公債**」。換言之，也就是最新發行的為期10年到期的公債。之所以成為指標利率的原因是，該公債已成為債券市場中最核心的金融商品。

報紙新聞中提到的「長期金利」通常指的就是「最新發行的10年期公債的流通殖利率」。而「**流通殖利率**」指的是銀行、證券公司等從流通市場（次級市場）上所購買的債券，持有至到期日所應得的實際年化報酬率。

新的公債招標，也會根據最新發行的公債殖利率等作為發行條件的參考。

▶ 債券價格和流通的債券殖利率呈反向關係

債券價格和流通的債券殖利率完全是取決於債券交易的供需平衡，其關係如下：

> • 想買的人多 → 債券價格上升 → 流通的債券殖利率下降
> • 有賣的人多 → 債券價格下降 → 流通的債券殖利率上升

債券的票面到期利率是記載於債券上，是不會改變的。但是，債券價格卻會因各種的因素上下波動而導致流通的債券殖利率的變

債券價格與債券殖利率的決定方式

 債券價格上漲

 流通的債券殖利率下降

賣方

買方

因為到期收取的利息固定，所以當債券價格上漲時，債券殖利率就會下降

 債券價格下跌

 流通的債券殖利率上升

賣方

買方

因為到期收取的利息固定，所以當債券價格下跌時，債券殖利率就會上升

化。我們了解了這個債券殖利率的原理之後，現在讓我們將這個原理應用在政府公債的利率計算上。關於「利率計算」的細節，我們會在 Part 8 的章節再詳細說明，但在這裡，我們僅就流通的政府公債殖利率（→8.5節）的計算方法說明如下：

$$\text{流通的債券殖利率（\%）} = \frac{\text{票面利率} \times \text{票面金額} + \dfrac{\text{票面金額} - \text{流通價格}}{\text{剩餘期間}}}{\text{流通價格}} \times 100\%$$

例如，票面利率為5%，票面金額為100日圓，剩餘期間（持有至到期日為止的時間）為8年的10年期公債，以105日圓和95日圓的流通價格買入，其公債殖利率的計算分別如下：

① 以105日圓的價格（比票面金額高）購入時的殖利率

$$\frac{5\% \times 100 + \dfrac{100\text{日圓} - 105\text{日圓}}{8\text{年}}}{105\text{日圓}} \times 100\% \fallingdotseq 4.16\%$$

② 以95日圓的價格（比票面金額低）購入時的殖利率

$$\frac{5\% \times 100 + \dfrac{100\text{日圓} - 95\text{日圓}}{8\text{年}}}{95\text{日圓}} \times 100\% \fallingdotseq 5.92\%$$

由以上的計算可知，當債券價格下跌時，流通的債券殖利率就會上升。

2.8
長期利率的決定方式
長期利率受到市場供需的影響

▶ 對經濟的未來預測，會影響長期利率

債券市場的「長期利率」雖然會受到當時日銀（日本央行）貨幣政策的影響，但受「經濟的未來預測」影響更大。

具體來說，**長期利率會受到多重經濟因素的展望所影響**，例如，**未來景氣和物價趨勢等**（Part 4 會有詳細說明）。因此，長期利率可以說具有預測未來變化的特性。

我們可以根據未來的經濟預測進行模擬。例如，如果您有1億日圓的閒置資金可以做10年的長期規劃，您會選擇以下哪種金融產品？為了方便計算，假定利率水準較高。

A. 10年期公債（年利率3%）
B. 存期1年的定期存款（年利率2%）

如果選擇A，則往後10年，每年的年利率都會固定以3%計算。如果選擇B，則每年都必須定期更新定期存單，每年更新的定存利

率也將隨之變化。所以說要選擇哪一個，完全取決於投資人對經濟未來的預期。

① **選擇A者，對經濟的未來預期如下：**

10年之內的通貨膨脹（物價上漲）應該不會有太大的波動，物價持續保持穩定或些微的下降，所以利率水準與現在相比只會維持相同或再調降。

② **選擇B者，對經濟的未來預期如下：**

未來將發生通貨膨脹，物價上漲，並且預期利率也會上升。存期1年的定期存款利率也可能之後會上升至5%到6%。

假設以上的每個經濟預測都完全正確，那麼A和B的投資成果又會如何呢？（不考慮稅金因素）

① **假設利率不變：**

• 10年期公債（年利率3%）：

1億日圓×3%×10年＝3,000萬日圓

• 定期存款（1年期，年利率2%）：

1億日圓×2%×1年×10次＝2,000萬日圓

② **假設利率大幅上漲：**

假設利率每2年以1%的幅度上漲，則：

• 10年期公債（年利率3%）：

1億日圓×3%×10年＝3,000萬日圓

• 定期存款（1年期，年利率2%）：

第1~2年（2%）＝1億日圓×2%×1年×2次＝400萬日圓

第3~4年（3%）＝1億日圓×3%×1年×2次＝600萬日圓

第5~6年（4%）＝1億日圓×4%×1年×2次＝800萬日圓

第7~8年（5%）＝1億日圓×5%×1年×2次＝1,000萬日圓

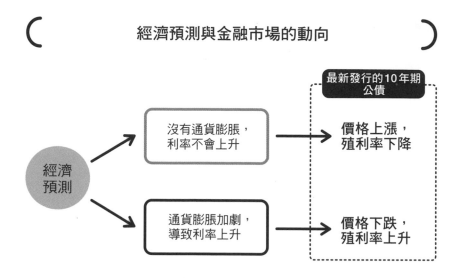

經濟預測與金融市場的動向

第9~10年（6%）＝1億日圓×6%×1年×2次＝1,200萬日圓

總計＝4,000萬日圓

由以上計算可知，如果物價穩定且長期利率無變化時，選擇固定利率的10年期公債比較有利。反之，若利率上升，則選擇一年期定期存款會更划算。將此應用到金融市場的趨勢上，可得到以下結論：

① 金融市場預期偏向「未來物價穩定，且利率不會上升」時：

則新發行的10年期公債銷售良好，價格上漲，債券殖利率下降（長期利率下降）。（債券殖利率和價格呈現反向關係→2.7節）。

② 金融市場預期偏向「未來通膨加劇，且利率會上升」時：

則新發行的10年期公債銷售不佳，價格下跌，債券殖利率上升（長期利率上升）。

2.9

日本從政府的官方貼現率政策走向利率自由化

日本於1994年完成了存款和貸款利率的利率自由化,利率完全取決於市場的供需均衡,而非受政府或其他機構的控制

▶ 在官方貼現率政策下,每家銀行的利率都一樣

目前日本的利率是由市場的供需所決定的,也就是「利率自由化」。但是在1980年代之前,日本的利率取決於日本政府和日銀(央行)所決定的「官方貼現率」。當時日本政府和日銀,是透過「臨時利率調整法」這項法令,決定金融機構的存款和放款利率。

當一般金融機構向日銀調度資金時,此時應支付給日銀的利率即稱為「**官方貼現率**」。日銀利用官方貼現率來調控各家銀行的存款和放款利率,其做法如下:

- 提高官方貼現率 → 銀行利率上升
- 降低官方貼現率 → 銀行利率下降

當時日本的貨幣市場還未像今天這般發展成熟,銀行的資金調度極度仰賴日銀。當時的官方貼現率成了銀行籌措資金的成本基準,

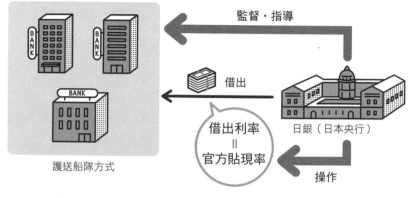

以往的日銀與官方貼現率

監督・指導

借出

護送船隊方式

借出利率
＝
官方貼現率

日銀（日本央行）

操作

日銀事實上牢牢掌控了日本經濟

所以當時所有銀行的存款和貸款利率都相同。

戰後，日本為了復興經濟，建立了一套金融系統，將資金分配到整個國家以促進經濟發展，並透過這樣的官方貼現率消除了銀行之間的競爭，創造了所謂的「**護送船隊方式[9]**」，避免銀行破產。於是，人們便產生了「銀行絕對安全」的信任感，國民可以安心存款。因為存款大量增加，銀行可以為企業提供更多的貸款。因此，日本獲得了豐富的資金以支持經濟復興，實現了高度的經濟成長。

▶ 1994 年後，所有的存款利率轉變為現在的自由利率

但是，1970年代後期，利率自由化的浪潮襲擊了日本。起因是，

---

9 「護送船隊方式」：軍事戰術的一種，是指當一個船隊中有一艘航艦因為突發問題減慢了航速，則其他的船艦也放慢速度，以確保發生問題的那艘船艦不會脫隊。

1975 年政府公債的大量發行。

由於 1973 年的第一次的石油危機，讓日本陷入了嚴重的經濟衰退，稅收急遽下降。政府為了填補稅收的不足，試圖透過發行大量的政府公債來籌措資金。隨著政府公債持續地大量發行，銀行儼然成為了政府公債的最大買家，手上所持有的公債不斷增加。因此，日本政府於 1979 年 4 月終於同意銀行可以在流通市場（次級市場）轉售公債。此時，公債的轉售價格（和殖利率）就完全取決於市場的供需平衡了。

此外，隨著拆款市場利率等貨幣市場朝向利率自由化，日銀也逐漸將貨幣政策轉向「公開市場操作」。

接著於 1991 年，日銀廢止了對一般民營金融機構的「臨櫃指導」。所謂的「臨櫃指導」是指，日銀對民營金融機構的每日新增放款額度，進行嚴格的限制和控管。

自此，銀行的存放款利率就由市場資金的供給與需求來決定了。

存款利率的自由化也就逐漸形成，其中包含了 1985 年大額定期存款利率的自由化、1993 年自動續存型的定期存款利率的完全自由化，最終在 1994 年完成了所有存放款的利率自由化。

▶ 原有的官方貼現率扮演了同業拆款市場利率上限的角色

由於走向利率自由化，利率現在只能由金融市場的供需來決定。日銀不再使用官方貼現率控制市場，只能透過無擔保隔夜拆款利率等進行市場的利率干預（→ 2.6 節）。

2006 年，日本原有的「官方貼現率」也更名為「**基準貼現率與基準貸款利率**」。目前的「基準貸款利率」為 0.3%（截至 2017 年 12 月）。「基準貸款利率」已經是無擔保隔夜拆款利率的上限利率了，其作用是為了確保短期利率的穩定性。因為如果隔夜拆款市場

的利率高於0.3%，銀行就會傾向從利率只有0.3%的日銀借錢，也因此隔夜拆款市場的利率絕對不會超過0.3%。

Part 3

金融市場與利率的動向剖析

3.1
短期利率的趨勢預測

由無擔保隔夜拆款利率和TIBOR的變化，如何看懂市場訊息？

▶ 無擔保隔夜拆款利率反映了日本經濟現況

到目前為止，我們已經介紹了決定利率的基本機制，但是日銀（日本央行）目前正在推行前所未有的非傳統貨幣政策（→4.4節），以應對長期的通縮。這種政策包括大量購買長期政府公債。

2017年10月的現在，日銀實施了「量質兼備的貨幣寬鬆政策」（Quantitative and Qualitative Easing, QQE）（→4.4節末），除了短期利率外，長期利率也是政策的目標。具體而言，短期利率控制在「−0.1%」（日銀的部分活期存款也是受到負利率的影響），而長期利率（10年期公債）則控制在「0%左右」。

因此，原本已朝向健全發展的市場機能因而受到了損害，一般決定利率的機制也不再適用。但是，如何從各種指標解讀利率動向的重要性，依然不變。在這個章節，我們將介紹解讀利率走向的基本技巧。

首先，我們先介紹Part 2中所提到非常具有代表性的短期利率指

標，即「無擔保隔夜拆款利率」和「TIBOR」的含義和解讀方式。

　　無擔保隔夜拆款利率（→2.3節）在日本傳統的貨幣政策裡面，就等於日銀（央行）的政策利率，而決定誘導利率的目標（→2.6節）的是日銀最高決策機構「政策委員會」的「金融政策決策會議」（→5.1節）。

　　日銀的金融市場部會人員會坐鎮貨幣市場，透過「公開市場操作」，隨時進場干預讓市場上的利率維持在會議決定的水準。

　　儘管日銀意圖干預金融市場，但也不可能過度調整無擔保隔夜拆款利率，因為要避免市場將「日銀近期對貨幣政策將有所變動」當作一種訊號或是警告。

　　因此，金融市場的專業人士對於每日緊盯著無擔保隔夜拆款利率的小幅波動，覺得實在沒有意義。

　　如果想了解日銀對日本經濟（景氣和物價）的看法，重點還是應該關注**日銀的政策委員會・金融政策決策會議到底會採取什麼樣的貨幣政策**。

　　如上所述，當前的政策利率是：短期利率為−0.1%，長期利率（10年期公債殖利率）約為0%。由此可見，日銀認為日本經濟（特別是物價）依舊非常疲軟。

　　那麼，讓我們回顧一下日銀過去的貨幣政策。1995年9月，日銀將公定貼現利率下調至0.5%。同時，無擔保隔夜拆款利率開始維持在0.4%左右（見以下圖表）。此後，長時間維持在0%左右，但自從2016年2月中旬以後，利率即調降至負利率，截至2017年12月約為−0.04%。

　　日本長期以來一直維持這樣的超低利率，主要的原因還是物價一直難以上漲。

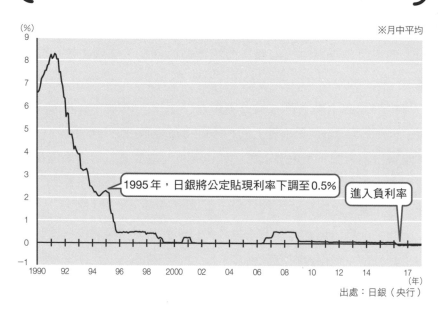

無擔保隔夜拆款利率的走勢

※月中平均

1995年，日銀將公定貼現利率下調至0.5%

進入負利率

出處：日銀（央行）

　「GDP平減指數」（GDP Deflator）是衡量物價的代表性指標，自1995年以來這個指標幾乎每年都呈現負成長。

　換言之，自1995年至今，除了特殊因素外，日本的物價一直都在下跌，這種現象就是「**通貨緊縮**」（**Deflation**）。物價和利率之間的關係在第4.3節將有詳細說明，但由於物價一直下跌，利率當然也難以上漲。日本20多年來一直維持在這樣的超低利率，也是由於通貨緊縮所導致。由於人口減少和高齡化等因素，日本的經濟實力也在持續下降之中，而超低利率時代似乎也還會持續下去。

▶ TIBOR的波動也與個人息息相關

　接下來我們將說明TIBOR與個人的關係。

　「Euroyen TIBOR」和「Yen TIBOR」（→2.5節末）是指銀行向其

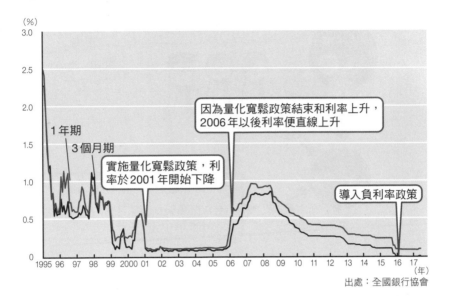

日圓TIBOR（3個月期、1年期）的走勢

（%）

1年期

3個月期

實施量化寬鬆政策，利率於2001年開始下降

因為量化寬鬆政策結束和利率上升，2006年以後利率便直線上升

導入負利率政策

1995 96 97 98 99 2000 01 02 03 04 05 06 07 08 09 10 11 12 13 14 15 16 17（年）

出處：全國銀行協會

他銀行借貸資金時，實際的市場平均借貸利率。銀行一向都是採用TIBOR加上銀行利差的貸放基準利率，因此，變動幅度並不像實際市場利率那樣靈敏。TIBOR主要是用來了解匯率（或利率）波動的大致趨勢。

TIBOR雖然是銀行同業之間的報價利率，但與我們個人也是息息相關。

那是因為常為一般民眾使用的1年以下定期存款（如1個月或3個月定存）是銀行重要的籌措資金方式之一。

所以，如果金融市場一年期以下的期約票券利率波動過大，那麼一般民眾的定期存款利率也會受到影響。

特別是銀行較容易調動大量資金的大額定期存款之利率，可能會隨著市場波動而調整利率。

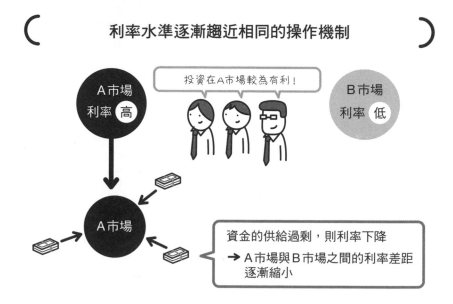

利率水準逐漸趨近相同的操作機制

A市場 利率 高

投資在A市場較為有利！

B市場 利率 低

A市場

資金的供給過剩，則利率下降
→ A市場與B市場之間的利率差距
  逐漸縮小

還有，雖然Euroyen TIBOR和Yen TIBOR分別屬於不同市場的利率，但也會自然地收斂到相似的水準。其原理機制如下：

① **某一特定市場利率較高時**

造成資金將會過度集中於該市場，資金供給過剩因而利率下降。

② **某一特定市場利率較低時**

造成需要調動資金的需求過於集中，資金需求高於供給因而利率上升。

不同金融市場之間的利率差異，透過資金的進出而趨近於相同的狀況，金融業界通常稱之為「**金融套利發揮作用之狀態**」。

3.2

長期利率的趨勢預測

觀察長期利率的走勢，特別要關注的是新發行10年期的公債殖利率，其中又透露了什麼訊息呢？

▶ 信用風險最低的資金出借對象是國家

在第2.7節，我們介紹了代表長期利率指標的「**新發行10年期公債殖利率**」如何反映未來的經濟前景與波動。

這個殖利率非常重要。因為這個利率對企業的長期借貸，例如企業的設備投資，以及房貸的利率等都有很大的影響。

一般而言，新發行的10年期公債殖利率相較於其他擁有相同發行條件（價格、期間、利率）的債券，通常是最低的。為什麼呢？這是因為公債的發行人是「日本政府」（國家）。在日本，「**信用風險**」（**Credit Risk**）（→4.9節）**最低的借款對象就是「日本政府」**。因此，公債的「殖利率」最低。信用風險則是指貸款可能無法回收的風險。

而且國家擁有徵收稅金的權利（徵稅權），可以強制向國民徵收稅金。如果國家還債出現困難，還可以透過增稅來解決問題。因

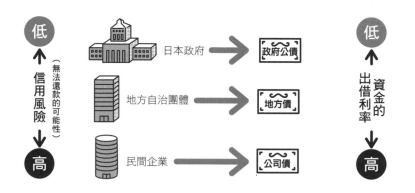

公債的殖利率相較於其他發行條件相同的債券為低

低 ← 信用風險 → 高（無法還款的可能性）

日本政府 → 政府公債

地方自治團體 → 地方債

民間企業 → 公司債

低 ← 資金的出借利率 → 高

此，政府（國家）可以說是信用風險最低的資金出借對象。

一般而言，信用風險越高，貸款利率就越高。所以，公債的投資報酬率通常都是最低的。

如果了解這個原理，就能夠建立個人資產配置的標準。換言之，即使某種金融商品安全性很高，但**如果投資報酬率卻低於公債殖利率，那麼購買這樣的商品就非常不划算**。在這種情況下，最好的資產配置還是選擇投資最安全的政府公債。

此外，新發行的10年期公債殖利率的變化也會影響整個長期利率的走向。如果公債殖利率開始上漲，房貸利率也可能隨之上漲。

新發行的10年期公債殖利率在《日本經濟新聞》的「金融市場綜合」版面中均可查看。其刊載的數字就是當天「日本相互證券」最後一筆交易的殖利率。「日本相互證券」是一家代表性的「債券經紀人的經紀人」（Broker's Broker, BB）企業，主要是仲介各家證券公司的債券交易員進行各種不同種類債券的交易。

3.3

比較長期和短期的債券殖利率，就能了解利率的走向

根據債券殖利率曲線的變化，推測未來利率的波動

▶ 隨著時局變化而變化的殖利率曲線

若想探索未來的利率變化，可以利用「殖利率曲線」（Yield Curve）的概念。

殖利率曲線是利率與期限之間的關係圖，是以不同期限的利率從短期到長期所連接而成的一條曲線，可以使用不同的資料來源繪製，如短期利率、公債殖利率，或兩者的結合。

殖利率曲線可以反映「**金融市場的參與者**」對於景氣、物價、未來經濟前景、貨幣政策等多種因素的綜合看法，因此會隨著時局變化而變化。換言之，透過觀察殖利率曲線，就能夠了解市場參與者對於未來利率的預測。

① 正斜率曲線（Forward Yield）

殖利率曲線的右側會呈現上升。如果預期未來利率上升，殖利率曲線就會呈現正斜率曲線。通常，殖利率曲線會呈現正斜率曲線。因為債券的到期期限越長，利率就越高的緣故。

② 負斜率曲線（Inverted Yield，又稱為倒掛曲線）

圖形呈現右側向下的曲線。如果預期未來的利率下降，就會出現負斜率的殖利率曲線。

③ 平坦殖利率曲線（Flat Yield）

圖形呈水平狀態。如果預期未來的利率維持平穩，就會形成平坦的殖利率曲線。

▶ 長期殖利率也可能低於短期殖利率

以下我們用一些簡單的例子來說明殖利率曲線的形成方式。假設市場大多數的參與者認為未來利率將上升，且市場出現了以下情況：

- 目前，6個月期的無擔保拆款利率為1%。
- 但是，6個月後，可能會因為日銀的大幅升息，上述利率會調升至2%。而且市場也已充分反映了利率上升的可能性。

在上述的情況下，目前的1年期無擔保拆款利率則會調整為1.5%。原因是，將1年的借貸分為每半年一次，從目前開始算起，會得到以下利率：

- 現在～6個月後的半年期間 → 利率為1%
- 6個月後～1年後的半年期間 → 利率為2%

因此，目前的1年期利率平均是1.5%。由於短期6個月期殖利率為1%，而1年期殖利率為1.5%，因此殖利率曲線會呈現右側上升的正斜率曲線。這雖然是金融市場利率的例子，但也適用於貸款利率和存款利率。

從未來某一時間點開始計算，在一段固定期間內的利率稱為「**遠期利率**」（**Forward Rate**）。例如，6個月後的6個月期利率為2%，這就是「遠期利率」。

殖利率曲線的型態

正斜率曲線

利率高
利率低

預期未來利率上升

短天期 ←——————→ 長天期

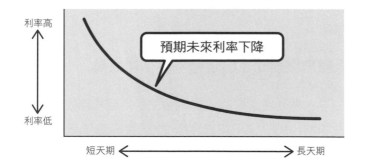

負斜率曲線（又稱為倒掛曲線）

利率高
利率低

預期未來利率下降

短天期 ←——————→ 長天期

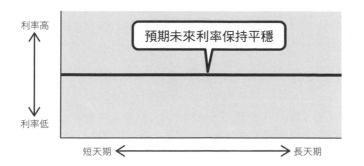

平坦殖利率曲線

利率高
利率低

預期未來利率保持平穩

短天期 ←——————→ 長天期

一般而言，當遠期利率高於目前的利率時，殖利率曲線就會呈現右側上升的「正斜率曲線」。

▶ 泡沫經濟後的日本出現殖利率倒掛現象

如同之前所述，殖利率曲線通常都是呈現正斜率曲線。但是，在特殊情況下，也會出現負斜率曲線（也就是殖利率的倒掛現象）。

1989年至1991年的日本就發生了殖利率倒掛的現象。下圖顯示的即是1991年5月底的無擔保隔夜拆款利率的殖利率曲線。

泡沫經濟破滅（1990年）的1年後，1991年開始日本陷入了長期經濟衰退的「失落的十年」。

當時，許多市場的參與者都預期日銀（日本央行）將調降政策利率，長期利率也將會因未來景氣的疲軟而下降。結果便導致了殖利率倒掛的現象。

▶ 希臘金融危機期間也出現殖利率倒掛曲線

2010年春季，歐元區國家的希臘也發生了殖利率倒掛現象。由於巨額的財政赤字（國家支出超過收入），致使希臘陷入了金融危機的恐慌中。

希臘的信用評等也因此被調降，結果造成希臘的公債價格暴跌，殖利率也就急遽上升。

對此，歐盟（EU）和國際貨幣基金[1]（International Monetary Fund, IMF）明確表示將支援希臘並提供金融上的援助。但是，信評機構「標準普爾」（Standard & Poor's, S&P）（→ 4.10節）將希臘公債的

---

1 國際貨幣基金（IMF）：於1945年成立，總部設於美國華盛頓，以聯合國會員為其會員，主要以維持國際金融安定為目的，確保全球金融制度運作正常的國際金融組織。台灣目前不是IMF的會員。

1991年5月，日本殖利率倒掛現象

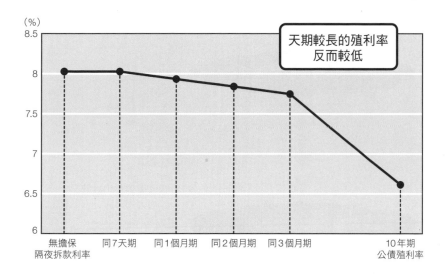

(%)

天期較長的殖利率
反而較低

無擔保
隔夜拆款利率　同7天期　同1個月期　同2個月期　同3個月期　　10年期
公債殖利率

評等一下調降了三等級到「BB+」（具有投機性），希臘公債的價格
因此暴跌。

結果，更加速了市場對希臘公債的拋售，價格一跌再跌，殖利率
也跟著急遽上升。

希臘公債的短、中天期區間的殖利率上升幅度大大超過長天期的
殖利率上升幅度，而出現殖利率倒掛現象。同年4月28日，希臘公
債的「2年期」殖利率一度飆升至38%，「10年期」殖利率一度上
升至約13%。

這個案例並不是因為市場反映了歐洲央行（ECB→6.2節）的政
策而造成利率的上升。而是因為市場已經開始擔心希臘政府可能面
臨資金短缺的風險，市場已經開始警覺，因此市場上購買希臘公債
的投資人已經變得非常稀少。

像這樣**透過殖利率曲線的型態觀察，也可以預測市場未來的利率**

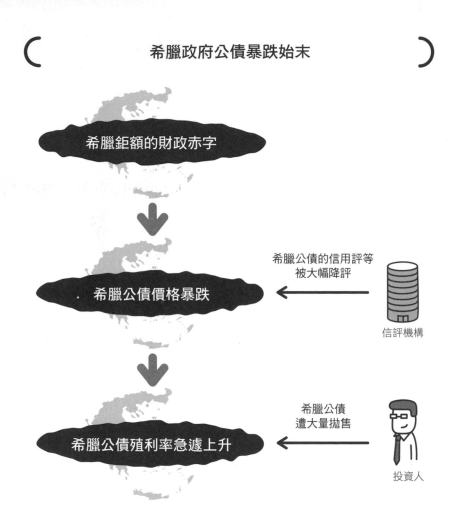

希臘政府公債暴跌始末

希臘鉅額的財政赤字

↓

希臘公債價格暴跌 ← 希臘公債的信用評等
被大幅降評

信評機構

↓

希臘公債殖利率急遽上升 ← 希臘公債
遭大量拋售

投資人

走勢。其中，短天期和中天期的殖利率曲線，通常除了前述的特殊情況外，還顯示了市場對央行利率的①調整時間、②調整幅度的看法，因而備受關注。

3.4
利率、債券的期貨交易透露出市場的未來趨勢

期貨是對現貨利率影響甚深的重要交易

▶ 期貨交易就是現在交易未來商品的一種交易方式

利率和債券市場同樣都有所謂的「**期貨交易**」（**Futures Trading**）。簡單來說，期貨交易是指「事先簽訂合約，在未來某個時點（交割日）買賣商品的交易方式」。

相對的，實際交付商品並收取款項的常規交易稱為「**現貨交易**」（**Spot Trading**）。

期貨交易中，如果單純只是簽訂交割日買賣的合約，那麼，如果商品價格在期間發生了大幅波動，交割時交易的其中一方可能會蒙受巨大的損失。

為解決這個問題，現在的期貨交易機制可以在交割日之前進行買賣。

所謂交割日之前進行買賣的交易方式，並非真的實際交付商品，而僅是就交易因價格波動所產生的差額（也就是差價）進行結算，以期貨商品差價為交易的方式就稱為「**差價結算交易**」（**Contract**

期貨交易的損益機制

❶ 先以「買入」進行交易的一方

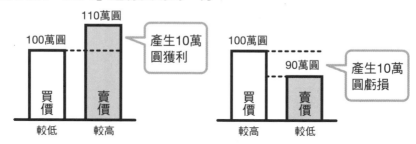

❷ 先以「賣出」進行交易的一方

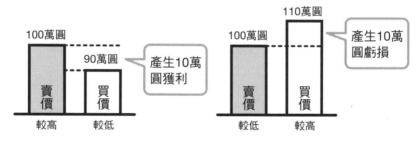

For Difference, CFD）。

這樣的交易方式僅就差額的部分進行結算，所以即使沒有實際持有商品的投資人也可以參與交易（買空賣空的交易方式）。

在期貨交易中，可以按照以下方式完成交易：

- 先以「買入」進行交易的一方 → 賣出後進行結算，交易完成
- 先以「賣出」進行交易的一方 → 買回後進行結算，交易完成

這種反向也可進行交易結算（先賣後買）的交易方式稱為「反向操作」（Reversing Trade）。

此外，期貨交易對於最後結算損益的機制計算如下：

① 先以「買入」進行交易的一方

- 若以較高價格賣出，則可取得獲利
- 若以較低價格賣出，則產生虧損

② 先以「賣出」進行交易的一方

- 若以較低價格買回，則可取得獲利
- 若以較高價格買回，則產生虧損

期貨交易如前段解說，除了可以作為避免因價格波動而造成虧損風險（Risk Hedge，避險功能）的手段外，還具有以下兩種功能。

① 形成公正的價格

期貨的商品價格是由買方和賣方的供需所決定。買賣雙方自然擁有不同的想法和許多的市場資訊，當市場聚集越多的投資人時，價格自然會趨於合理水位。

②增加更多資產配置的機會

事實上，期貨市場中交易最為頻繁的是積極投入資產配置買賣的投資人。尤其是利率期貨交易或債券期貨交易的市場，大多都是如銀行、證券公司和保險公司等的機構投資人（→5.3節）。

▶ 利率期貨的交易機制

「利率期貨交易」（Interest Rate Futures Trading）的基本原則與一般期貨交易相同，都是於事先約定的期限之內，按照事先約定的條件所進行的交易。但是，與一般商品不同的是，交易標的不是商品而是短期利率。

交易首先是，買賣雙方約定在未來某個時間點（交割日）的一定期間利率，而所謂約定的未來時間點，也就是雙方承諾進行交易結

日本經濟新聞每天刊載的債券期貨和金融期貨資訊

債券期貨　　　　　　　（大口、日圓‧%、億、開盤價含前一日的夜盤交易）

▽ 10年期期貨（6%公債）

年／月	開盤	當日開盤	最高	最低	收盤	前日比
18／3	150.91	150.96	150.97	150.86	150.88	−0.03
18／6	—		—	—	—	

	殖利率	成交量	未平倉量		殖利率	成交量	未平倉量
18／3	0.604	28316	98031	18／6	—	—	—

金融期貨　　　　　　　　　　　　　（東京金融交易所、指數‧張）

▽ Yen TIBOR 3個月利率期貨

年／月	開盤	最高	最低	公告收盤價	結算價格	漲跌幅	成交量	未平倉量
17／12	99.935	99.935	99.935	99.935	99.935	0	200	27875
18／3	99.940	99.940	99.935	99.935	99.935	0	675	28664
18／6	99.930	99.935	99.930	99.930	99.935	+0.005	969	29476
18／9	99.925	99.930	99.925	99.930	99.930	+0.005	1672	18527
18／12	99.920	99.925	99.920	99.925	99.925	0	3413	23577
19／3	99.925	99.925	99.915	99.920	99.925	+0.005	352	9332
19／6	99.920	99.920	99.920	99.920	99.920	0	1970	12988
合計							9586	156232

出處：《日本經濟新聞》日刊（2017年12月15日號）

算的到期日。

　　約定之後，利率期貨的價格也會隨著市場變化而產生波動。到了雙方約定的到期日時，期貨就會根據實際的市場利率與事先約定的利率進行結算，以確定雙方的損益。

　　「東京金融交易所」（Tokyo Financial Exchange, TFX）是日本唯一的金融期貨交易所，所有的金融期貨交易都在此進行，目前市場上的利率期貨包括「Euroyen TIBOR的3個月利率期貨」和「無擔保隔夜拆款利率期貨」等。

　　《日本經濟新聞》的「金融市場綜合」（日文：マーケット總合欄）版面，每天都會刊載利率期貨的價格，但是，都是以類似「99.925」形式的數字表示。這是因為利率期貨的價格表示為：「100－年利率×100」。例如，年利率為0.375%的表示方式如下：

$$期貨價格＝100－0.375＝99.625$$

因此，藉由期貨的價格波動，我們也可以推測利率的變化如下；

* 期貨價格上漲 → 利率下降
* 期貨價格下跌 → 利率上升

▶ 債券期貨的交易機制

「債券期貨交易」的基本原則也與一般期貨交易相同，都是以事先約定未來的某個特定日期、條件，按照現在決定的債券價格所進行的交易。

其中，「中天期公債期貨」、「長天期公債期貨」、「超長天期公債期貨」和「迷你長天期公債期貨」（交易對象為個人投資人）都在大阪證券交易所上市。

以成交量來看，**長天期公債期貨一向是「量」冠群雄。**所以，每當提到「債券期貨」時，通常指的就是「長天期的公債期貨」。

然而，公債期貨實際交易的標的物也不是實際流通的政府公債，而是經過各種條件包裝以便更容易交易，稱之為「標準化期貨」的虛擬公債。

▶ 近年來，由於市場功能不彰使得利率的預測變得愈發困難

利率和債券期貨交易的交易單位金額通常都很大，所以參與交易的投資人大多是機構投資人。正常的情況下，市場的交易都非常熱絡，也正因如此，參與交易的機構投資人對利率未來趨勢的預測，

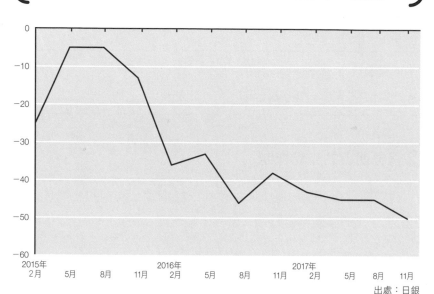

期貨市場參與者對債券市場功能判定的DI指數

0
−10
−20
−30
−40
−50
−60

2015年
2月　　5月　　8月　　11月　　2016年
2月　　5月　　8月　　11月　　2017年
2月　　5月　　8月　　11月

出處：日銀

也會迅速反映在期貨的價格上。因此，**觀察利率和債券的期貨市場交易常常被視為可以解讀未來利率走向，這是其一大優點。**

　　但是近年來，正如第3.1節一開始所述，債券市場發生了巨大變化。**期貨價格的波動變得非常微小，成交量也隨之驟降，因此對利率的未來預測也變得愈發困難了。**

　　根據日銀每季都會進行的評估債券市場功能等情況的「債券市場調查」，其結果也顯示市場功能還是持續在下降之中。根據2017年11月的債券市場調查報告，債券市場功能判定DI指數[2]為「−50」，市場參與者對市場功能的評估非常低，且流動性（成交量）也顯著下降。自2015年2月調查開始以來，判定功能的DI指數一直維持

2　DI（Diffusion Index，擴散指數）是衡量景氣變動方向的一種常見指標。

在負值。

　所謂功能判定的 DI 指數，是衡量債券市場運作是否順暢的指標。該指數是根據調查對象（實際參與日銀公債交易的金融機構）針對債券市場功能的評估，計算出回答「高」的比例減去回答「低」的比例所得的差值。

　債券市場調查是由日銀於 2013 年 4 月推出的「量質兼備的貨幣寬鬆」政策（→ 5.1 節的⑯）實施後，由於認為有必要加強與市場相關人士的對話而開始的調查。

3.5

以利率為買賣標的的
利率選擇權交易

「事先以特定價格進行交易的買權及賣權」稱為選擇權交易。
其中，較為常見的利率選擇權交易有利率上限（Cap）的選
擇權和利率下限（Floor）的選擇權。

▶ 所謂的選擇權是指購買或出售「買」或「賣」的權利

金融市場常說的「衍生性金融商品」（**Derivative**），包括前一節
所介紹的期貨交易、本節將介紹的**「選擇權交易」**和下一節將介紹
的「利率交換」（Swap）皆是。

「選擇權」（Option）簡單由字面上看來，就是「選擇的權利」，
也就是在約定的時間內，以事先約定的價格（稱為**履約價格或執行
價格**）購買約定標的物之買或賣的權利。所以，選擇權可分為以下
兩種：

① **買權（Call Option）**：可以在約定期限內購買的權利。

② **賣權（Put Option）**：可以在約定期限內賣出的權利。

當然，權利並非免費。金融機構需要支付代價才能購買權利，或
者收取費用後出售權利。

選擇權的價格也會隨著市場交易情況時時刻刻變動。如果購買選
擇權的投資人認為行使權利有利可圖，就會行使權利，但如果沒有

優勢，則會放棄。因此，如果不行使權利，所購買的選擇權代價就會白白浪費，變成損失。

以下我們舉例具體說明。

假設投資人以0.5日圓的買權，購入能以138日圓價格買入債券期貨的選擇權。之後，到了約定日當天，債券期貨的市場實際價格為139日圓。

在這種情況下，投資人便可以選擇以138日圓的價格購買債券期貨，並在市場上以139日圓的市場價格賣出。如此一來投資人便可賺取1日圓（139日圓－138日圓）的獲利。但是，由於選擇權的費用成本為0.5日圓，因此投資人的利潤為0.5日圓（1日圓－0.5日圓）。

▶「利率上限」（Cap）和「利率下限」（Floor）是2種較為常見的衍生性金融商品

金融市場有非常多不同種類的選擇權交易，其中較廣為應用且普及度較高的是利率選擇權，以商品類別來分又包括「利率上限」和「利率下限」。以下將分別說明這兩種選擇權的差異。

① 利率上限（Cap）

由字面來看，「上限」想當然耳就是利率的高限之意。所以，儘管市場上的利率還是可能變動，但持有「利率上限」選擇權的投資人，有權在某一特定的利率以上設定上限，使利率不會上升超過該水位的權利。

日本的房屋貸款中有一種衍生性金融商品就是使用「利率上限」選擇權。在房屋貸款合約中，貸款人可以用買入「利率上限」選擇權的方式簽訂房貸合約。並且可以將這部分的成本包含在合約的條

件之中。

② 利率下限（Floor）

　「利率下限」也是選擇權交易的一種，也就是說即使利率時時處於浮動狀態，也可以設一個不會低於某一特定利率底限的選擇權。例如，交易對象為個人的10年期公債（利率設定：浮動利率）就有一種設定以利率0.05%為利率下限的衍生性金融商品。

3.6

從利率交換交易
預測利率走勢

利率交換（Interest Rate Swap, IRS）交易是一種浮動利率和
固定利率交換的交易

▶ 透過固定利率和浮動利率的交換來實現獲利的交易

「利率交換」是什麼？

「利率交換」當然就是「交換」的交易，在金融市場上即是以一個現金流（Cash Flow）交換另一個現金流的交易。而當中交易量最大宗的是固定利率與浮動利率交換的「利率交換」。利率交換的交易方式如以下說明：

• 固定利率的資產（或負債）→ 浮動利率的資產（或負債）
• 浮動利率的資產（或負債）→ 固定利率的資產（或負債）

---

① 當以浮動利率借入貸款時

將來若是市場利率上漲，則每月的還款金額也會隨之增加。

此時便可利用利率交換來將浮動利率轉換為固定利率，來規避利率上漲的風險。轉換為固定利率後，即使利率上漲，還款金額也不

會增加。

② 以固定利率進行投資時

倘若將來市場的利率上漲，相較於使用浮動利率進行投資，固定利率的投資獲利自然沒有那麼好。因此，便可以利用利率交換將固定利率轉換為浮動利率，避免利率上漲獲利減少的風險。隨著市場利率的上漲，可以增加投資報酬率。

▶ 利用OIS交易，預測日銀的貨幣政策動向

近年來，有種名為「**OIS**」（**Overnight Index Swap**，隔夜指數交換利率）的交易，在利率交換的市場上備受注目。

OIS是一種「無擔保隔夜拆款利率」與「固定利率」交換的交易。

OIS的優點在於，浮動利率的標的物是日銀的政策利率，也就是隔夜拆款利率，只要日銀的貨幣政策不變，隔夜拆款利率就不會突然飆升。反之，若以常見的6個月期LIBOR作為利率交換的浮動利率標的物，因為各家銀行所提供的利率多少有所差異（LIBOR→2.5節），因此萬一出現任何的信用風險，都可能造成利率突然的上漲。

由於OIS的浮動利率是無擔保隔夜拆款利率，因此**觀察OIS市場交易的利率水準，就可以明白市場投資人對於日銀利率調升或調降的時機和幅度有什麼看法**。不過，目前參與OIS的投資人主要是外國的金融機構，市場參與者仍然相對有限，這也是OIS市場的一項缺點。

Part 4

經濟如何影響利率的機制

4.1

資金的供給與需求決定利率

利率波動的基礎在於資金的供需平衡

▶ 資金的供需平衡是利率波動的基礎

基本上，利率的日常波動主要是**因為資金的供需關係（需求和供給的平衡）變化。**

如果借錢的人多於出借資金的人，則資金需求會增加，進而導致「利率上漲」。反之，如果出借的人多於借錢的人，則是資金供給增加，會導致「利率下跌」。

由此可知，當利率由需求和供給決定時，會占優勢的總是少數的那一方。

假設你是一位擁有龐大資產的貸款公司老闆，當很多人來向你借錢時，你會採取什麼行動呢？首先，你可能會想「這麼多人想要借錢，我們拉高一下姿態」，所以，提高了貸款利率。一直到，利率上漲到借錢的人覺得「如果利率再漲的話，就不借了」的臨界點。

相反地，如果除了你之外還有很多人經營貸款業務，借款人將變得更有自信。「如果再不調降利率，就去其他地方借錢」，進而展

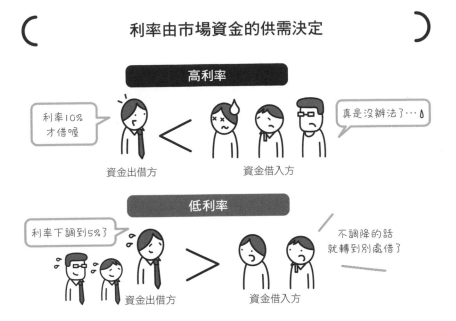

利率由市場資金的供需決定

高利率

利率10%
才借喔

真是沒辦法了…♪

資金出借方　　　　　　資金借入方

低利率

利率下調到5%了

不調降的話
就轉到別處借了

資金出借方　　　　　　資金借入方

開一場有關利率的博弈，貸款利率自然會逐漸下降。

　　這種供需關係決定利率的機制，經濟學的術語稱之為「**市場機制**」（**Market Mechanism**）。

▶ 利率相較於匯率受到更多的控管

　　外匯市場的美元日幣兌換，匯率可能在一天之內從1美元＝100日圓下跌到90日圓，但是，利率短期內大幅波動10%的情況，則是不太可能發生。

　　這是因為日銀（日本央行）會透過貨幣政策小心翼翼地控制短期利率的水準，以防止利率的大幅波動。**相較於匯率，利率對經濟的衝擊更大，短期內的大幅利率波動可能導致經濟陷入混亂，風險也更高。**

4.2

經濟景氣的好壞如何影響利率？

利率受到經濟景氣循環的影響，同時也扮演防止景氣過熱的穩定角色。

▶ 利率受景氣循環的影響極大

影響利率波動最大的因素是「國內的經濟景氣」。

經濟景氣簡單地說就是「經濟活動的活絡程度」。當景氣熱絡時，商品和服務的銷售狀況良好、企業賺錢、就業機會也會增加。這種經濟活動旺盛的狀態稱為「**景氣狀況良好**」（繁榮期），相反地，經濟疲弱的狀態則稱為「**不景氣**」（衰退期）。

無論是景氣狀況良好或是不景氣，都不會一直持續下去，會交互出現。經濟景氣會按照下圖的模式重複發生，這就是所謂的「**景氣循環**」（**Business Cycle**），而利率則會大幅受到這種循環的影響而產生波動。

當經濟景氣處於良好狀態時，企業的生產和銷售活動會變得活躍，為了提供更多的商品和服務，企業就會想從銀行貸款，進行設備投資。

企業獲利增加，個人的薪資也容易跟著上漲，個人的消費也會增

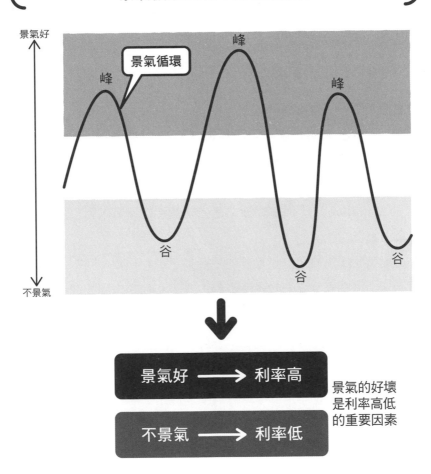

景氣循環與利率高低的關係

景氣好

景氣循環

峰

峰

峰

谷

谷

谷

不景氣

景氣好 ⟶ 利率高

不景氣 ⟶ 利率低

景氣的好壞
是利率高低
的重要因素

加，利用銀行貸款購買房產、汽車等高價商品的人也會隨之增加。

在景氣狀況良好時，社會整體的經濟活動熱絡，自然對「**資金需求**」也就增加。換言之，需要借錢的人增加，所以從資金的供需角度來看，利率自然會上升。

但是，當利率上升到某個程度時，經濟就會再度進入不景氣。因為利率上升，利息負擔增加，企業的利潤減少，員工的薪水和獎金

也隨之減少。如此一來，消費者就會逐漸減少商品和服務的消費，隨之而來的是企業的獲利減少。企業開始調整生產和控制投資，則企業對資金需求也就減少，利率自然下降。

▶ 利率有穩定經濟的力量

實際上，利率也具有穩定經濟的力量，這種力量被稱為「**穩定器功能**」。當經濟繁榮到一定程度時，就有可能引發「**通貨膨脹**」（**Inflation**）。「通貨膨脹」是指物價持續上漲，造成經濟整體過熱的狀況。相反，當經濟惡化到一定程度時，就可能引發「**通貨緊縮**」（**Deflation**）。「通貨緊縮」是指物價持續下降，對整個經濟產生負面影響的狀況。

這兩種狀況對於經濟和我們的生活都不是好現象。利率的力量就可以防止這些經濟波動的過度發展，經濟和利率之間的關係絕對是互相影響的。

① 當景氣過熱時

因為會同時帶動利率的上升，自然，企業的獲利就下降，個人消費也會減少，逐漸使得景氣慢慢消退而惡化。換言之，利率的上升可以抑制通貨膨脹的過度發酵。

② 當景氣衰退時

因為會同時帶動利率的下跌，自然，企業的設備投資和個人消費也會增加，使得景氣慢慢得以復甦。換言之，利率下降可以成為推動經濟的加速器。

▶ 長期利率與經濟成長率息息相關

如果長期觀察利率的波動，很容易發現長期利率與經濟成長關係

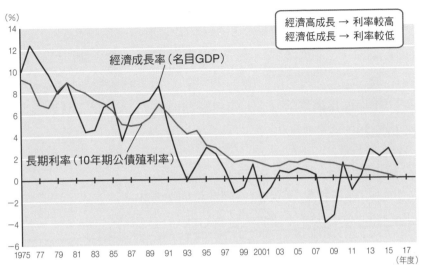

經濟成長率（名目GDP）與長期利率的關係

（%）

經濟高成長 → 利率較高
經濟低成長 → 利率較低

經濟成長率（名目GDP）

長期利率（10年期公債殖利率）

1975 77 79 81 83 85 87 89 91 93 95 97 99 2001 03 05 07 09 11 13 15 17
（年度）

出處：日本內閣府（相當於台灣行政院）、日本相互證券

很密切。

　經濟成長可以用GDP（Gross Domestic Product，國內生產毛額）的成長率來表示。

　首先，GDP指的是在一定期間內國內最終所產出的產品和服務等的附加價值（商品或服務的銷售額減去原材料費用）的總額。GDP是各國衡量一個國家經濟規模的共同標準。當GDP增加時，意味著經濟規模變大。而GDP成長率則是衡量年度GDP是否增減的經濟指標。

　此圖所顯示的是GDP成長率（未考慮通貨膨脹的名目基礎）和長期利率（10年期公債殖利率）的變化。可以發現，**長期利率在經濟高度成長時期較高，在低成長時期較低。**

　接下來，讓我們將日本戰後經濟分為三個時期，觀察經濟成長和

利率之間的關係。

① 高度經濟成長期（1957～72年）

日本經濟飛躍成長時期，實質GDP成長率平均達9.5%，名目GDP成長率更高達15.5%。但是在這段期間，由於公債市場尚未完備（戰後日本公債的發行始於1965年），因此代表長期利率的指標是10年期的電信電話公債（簡稱電電公債），其殖利率大約在8%至14%之間。

② 穩定成長期（1975～89年）

1973年石油危機（原油價格飆升）後，日本經濟進入了穩定成長期。直到泡沫經濟破滅前，實質GDP成長率平均為4.4%，名目GDP成長率為7.6%。在這段期間，長期利率（10年期公債殖利率）的平均值為7.1%，大致上與名目GDP的成長率一致。

③ 低成長期（1991年至今）

1990年泡沫經濟破滅之後，日本進入了長期的低成長期。直到2009年為止，實質GDP成長率平均只有0.8%，名目成長率更微不足道，只有0.3%。

這段期間的長期利率平均值為2.5%。但是，觀察2001年到2009年的平均值，卻只有1.4%。在這10年之中，長期利率幾乎都沒有超過2%，所以市場將其稱為「**2%的高牆**」。而**無法突破2%利率的原因也正是因為低迷的GDP成長率所致**。

此外，近年來，**由於日銀實施非傳統的貨幣寬鬆政策**（→5.1節的⑯），**使得長期利率被人為的壓抑，現在已經與GDP成長率無關了**。

4.3

物價的漲跌會對利率造成什麼影響？

了解物價上漲和利率上升之間的關係，就可以了解這兩者的波動對資金價值的影響。

▶ 物價上漲，利率也會隨著上升

物價（商品和服務的價格）和利率有著下列「命運共同體」的關係：

- 物價上漲 → 利率上升
- 物價下跌 → 利率下降

---

① 物價上漲並出現通貨膨脹的跡象時

當物價上漲時，通常企業和個人會想：「要漲價了，應該在價格還未上漲之前先買一些起來放呀。」這也就是常說的囤貨。

例如，製造鋁製品的企業會在價格即將上漲之前，盡量多採購些鋁等原材料。再者，計劃購買電視或車子的個人會提前規劃，即使需要動用儲蓄，也會在價格便宜時先行購買。

結果是，企業認為商品和服務的銷售業績提高了，於是再從銀行

貸款，增加生產、銷售活動和設備投資，以期獲得更多利潤。

於是，**由於資金需求增加，利率也就隨之上升**。

② 物價不斷下跌，導致通貨緊縮時

我們經常會認為「未來還會再降價，現在就買那不就成了傻瓜了」。因此，個人和企業通常會在商品跌價前，先將資金存入銀行，並在價格下跌時再行購買。這樣一來，商品和服務的銷售量就會下降，企業獲利也會衰退，企業就會開始減少生產、銷售活動的費用和設備投資等費用。於是，**由於資金需求減少，利率也就跟著下降**。

▶ 實質利率才是利率的真正價值

假設有一則新聞報導：「去年的定期存款利率由2%上升至3%！」雖然對存款戶來說，看起來是個好消息，但事實真是如此嗎？如果忽略了物價上漲率（通貨膨脹率）的因素，是無法做出正確判斷的。

我們平常使用的存款利率或房屋貸款利率都是「**名目利率**」（**Nominal Interest Rate**）。例如，定期存款（存款期間1年）利率為1%就是名目利率。

相對地，如果再考慮到物價上漲率（消費者物價指數〔CPI〕成長率），才是「**實質利率**」（**Real Interest Rate**）。我們必須觀察實質利率才能判斷利率上漲是否真的對我們有利。以下是簡單的實質利率的計算公式：

名目利率－物價上漲率＝實質利率

物價與利率的關係

物價上漲

物價下跌

↓

↓

價格調漲前
先多買一些囤起來

等價格下跌時再購買

↓

↓

商品、
服務大賣

商品、
服務滯銷

企業獲利增加

企業獲利減少

生產、銷售活動、
設備投資擴大

生產、銷售活動、
設備投資縮減

↓

↓

資金需求增加

資金需求減少

↓

↓

利率上升

利率下降

▶ 物價上漲，會產生什麼影響？

「名目利率」和「物價上漲率」哪一個較高，對我們的生活非常重要。首先，從物價上漲（即物價上漲率為正數）的情況來看。

① 當名目利率高於物價上漲率時

假設定期存款（存入期間為1年）的利率為5%，物價上漲率為3%。則實質利率為：

$$名目利率5\% － 物價上漲率3\% ＝ 2\%$$

假設現在有一台價值100萬日圓的車子，預期1年後會漲到103萬日圓。同時期，如果以5%的利率定期存款存入100萬日圓（存款期間為1年），1年後將收到105萬日圓（不考慮稅金因素，以下同）。

如果現在買車，存款就沒有了；但是如果存入定期存款，1年後定期存款到期，即使車子價格漲到103萬日圓，還有2萬日圓餘額。如果可以等待1年不買車，就可以賺取這個獲利。

因此，當名目利率高於物價上漲率時，存款才會有實質的增加。

② 名目利率低於物價上漲率時

假設物價上漲率仍然是3%，而名目利率則只有1%，那麼實質利率則為：

$$名目利率1\% － 物價上漲率3\% ＝ －2\%$$

即使將100萬日圓存入1%的定期存款（存款期間為1年），1年後也只能取回101萬日圓。已經無法買到價格漲到103萬日圓的車子了。

名目利率與物價上漲率高低的關係

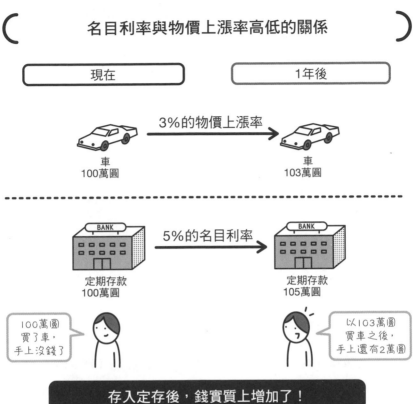

現在 　　　　　　　　　　1年後

3%的物價上漲率

車
100萬圓　　　　　　　　　　車
　　　　　　　　　　　　　103萬圓

BANK　　　　　　　　　　BANK

5%的名目利率

定期存款
100萬圓　　　　　　　　　　定期存款
　　　　　　　　　　　　　105萬圓

100萬圓
買了車，
手上沒錢了　　　　　　　　　以103萬圓
　　　　　　　　　　　　　買車之後，
　　　　　　　　　　　　　手上還有2萬圓

存入定存後，錢實質上增加了！

BANK　　　　　　　　　　BANK

1%的名目利率

定期存款
100萬圓　　　　　　　　　　定期存款
　　　　　　　　　　　　　101萬圓

100萬圓
買了車，
手上沒錢了　　　　　　　　　想買車，
　　　　　　　　　　　　　還缺2萬圓

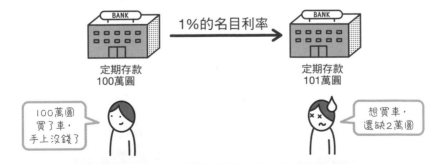

存入定存後，錢實質上減少了！

像這樣名目利率低於物價上漲率的情況，存款實際上是貨幣價值的貶值。一般來說，經濟景氣疲軟時，由於物價下跌，名目利率很容易下降。順便一提，經濟疲軟和通貨膨脹並存的狀態被稱為「**停滯性通膨**」（**Stagflation**），這是一種非常糟糕的經濟狀態。

▶ 物價上漲率為負值時，會有何影響？

接下來我們討論物價下跌（物價上漲率為負值）的情況。假設名目利率為1%，物價上漲率為−2%，則實質利率為：

名目利率1%−物價上漲率（−2%）＝3%

也就是一台價值100萬日圓的車，1年後會貶值到98萬日圓。如果在同一時間存入定期存款，看起來只有1%的利率，但實際上相當於3%價值的存款利率。

物價上漲率持續為負值的狀態稱為「**通貨緊縮**」（**Deflation**）。當物價下跌時，相同的金額可以購買更多的商品和服務，貨幣的價值（購買力）實際上是增加的。

2009年11月，日本政府宣布日本經濟處於「適度的通縮狀態」，正式宣布日本進入「通貨緊縮」經濟。由於消費者物價指數成長率為負值，實質利率自然就高於名目利率。從一般民眾的角度來看，認為「雖然薪資沒有調漲，但物價便宜，對家庭支出幫助很大」的人應該不在少數。

但是，從經濟學的角度來看，通貨緊縮絕不是一件值得慶幸的事，而是應該避免的狀態。因為通貨緊縮會導致企業獲利惡化進而債務負擔增加。

此外，由於通貨緊縮導致名目利率趨近於零的情況下，日銀（日

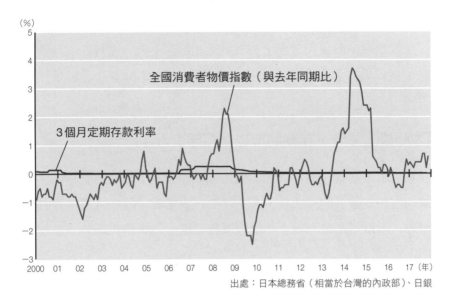

定期存款利率也高於通貨膨脹率

全國消費者物價指數（與去年同期比）

3個月定期存款利率

出處：日本總務省（相當於台灣的內政部）、日銀

本央行）即使想調降利率，也只能將利率降為零（稱為「**名目利率的零利率底限限制[1]**」），因此很難透過貨幣政策刺激經濟和物價。

從更廣闊的角度來看，我們一定要認知，**通貨緊縮才是最終導致企業獲利惡化，進而影響了一般民眾生活的主要原因。**

▶ 物價上漲率為負值時，存款利率為何還是正數？

最後，我們解釋一下存款利率和物價上漲率之間的關係。由上圖可以得知，在近十幾年間，存款利率（定期存款）大多高於通貨膨脹率（消費者物價指數）。

---

1 零利率底限限制：當利率降至0%或趨近於0%時，政策上無法再進一步將利率下調至負利率的情況。

原因就是之前提及的「名目利率的零利率底限限制」。也就是說，在現實中，即使日銀為了因應通貨緊縮將利率降至負值，存款利率也很難變為負值（即存款本金減少）。

也就是說，即使民眾手上持有1萬日圓的現金，沒有任何存款利息，但如果物價下跌的話，民眾實際上的實質利率就已經是正值了。

▶ 物價上漲時，存款利率也會相應上升

在日本，儘管經濟不景氣，但市面上流通的1萬日圓紙鈔仍在不斷地增加。普遍的看法是，因為存款利率太低，許多人覺得存錢太麻煩，所以選擇保有現金（就是擺在家裡，日本俗語稱為「衣櫃裡的存款」）。

這裡，也許有人會擔心，「如果日本經濟轉向通貨膨脹，銀行所能取得的存款恐怕會少很多」。

但是，這樣的擔憂其實沒有太大意義。正如之前所說，如果通膨上升，利率也會跟著上升。

目前，我們並不會做任何的假設，因為日銀這個「物價觀察者」，如果判斷通貨膨脹即將快速上升，一定會大膽果斷地上調政策利率。自然存款利率也會跟著上升。

順便一提，所謂的消費者物價指數是根據一定的規則計算得出的統計數據，其中存在各種誤差。統計數據也會定期修正更新。

因此，即使物價上漲率在1%以內的小幅上升或下降，使得實質利率出現波動，也不需要高興或恐慌。

4.4
貨幣政策如何發揮作用？

傳統的貨幣政策已是極限！日銀於2001年開始推出非傳統的貨幣政策。

▶ 傳統的貨幣政策回顧

當經濟擴張的速度超過適度的範圍，經濟景氣越來越加速，則可能會增加通貨膨脹（物價上漲）的風險。

相反地，當經濟處於衰退狀態時，通貨緊縮（物價下跌）也會逐漸加劇。

換言之，不論經濟狀況是好是壞，一定時間之後都會導致物價（消費者物價）的上升或下降。常言道「過猶不及」，**任何過度的成長或衰退都不是好事**。

為了抑制「經濟成長過熱」的現象，身為日本央行的「日本銀行」（Bank of Japan, BOJ，簡稱日銀）扮演著總舵手的角色，完全擔負起「貨幣政策」的責任。

日銀的基本思維包括以下兩點：

① **通貨膨脹（景氣擴張）時**

實施「**貨幣緊縮**」政策。貨幣緊縮是指透過升息來提高利率，減

少市場對資金的需求。當資金需求減少了，貨幣供給量（流通在市場上的貨幣數量）自然就會減少。

② **通貨緊縮（景氣衰退）時**

實施「**貨幣寬鬆**」政策。貨幣寬鬆是指透過降息來降低利率，增加市場對資金的需求。當資金需求增加時，貨幣供給量自然也會增加。

日銀自從1991年7月泡沫經濟破滅後，一直持續採用貨幣寬鬆政策，以期促進經濟的復甦和擺脫通貨緊縮的困境。在這樣的操作之下，直到2001年3月，無擔保隔夜拆款利率幾乎已經來到了零利率，傳統的「貨幣政策操作」已經達到了極限，景氣依然還是低迷不振。

因此，日銀開始改變操作方式，採取透過大量購買公債，向銀行注入充沛資金的「非傳統的貨幣政策」操作。

以下，我們將分別說明何謂「傳統的貨幣政策」和日銀採用的「非傳統的貨幣政策」。

▶ 利用公開市場操作來調控利率

從前傳統的貨幣政策，央行干預市場利率的方法，有「**公開市場操作**」（**Open Market Operations**）、「**官方貼現率政策**」（**Official Discount Rate Policy**）和「**存款準備率操作**」（**Required Reserve Ratio Operations**）等三種。

首先，先解釋一下「**公開市場操作**」。它指的是日銀透過向金融市場（→2.1節）挹注資金或吸收資金的方式，進而調節「無擔保隔夜拆款利率」以達到誘導目標的利率。

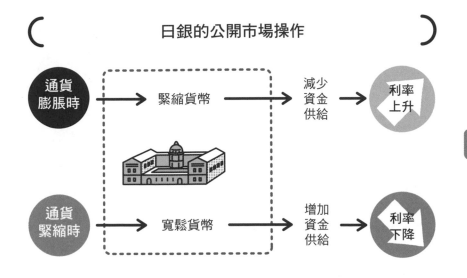

日銀的公開市場操作

通貨膨脹時 → 緊縮貨幣 → 減少資金供給 → 利率上升

通貨緊縮時 → 寬鬆貨幣 → 增加資金供給 → 利率下降

- 吸收市場的資金 → 市場利率上升
- 增加市場的資金供給 → 市場利率下降

　　日銀透過調整市場的資金供需,來控制無擔保隔夜拆款利率。而主要的資金供給操作(Operations)有以下四種:

① 共同擔保(Pooled Collateral)操作

　　是日銀(央行)最主要的公開市場操作方式。日銀接受日銀認可的「合格」公債、地方債、公司債等作為擔保品,而提供資金。

② 政府公債的買斷操作

　　透過收購長天期的政府公債等方式,增加資金的供給。從前購買公債的額度還曾經規定不得超過貨幣發行總額的未發行餘額。

③ 買回先前出售的附買回公債

　　買回先前附買回交易賣出的政府公債,向市場注入資金。

④ 國庫券的買斷操作

收購國庫券（公債的一種，→ 2.7節），向市場挹注資金。

除此之外，日銀還曾經操作一種名為「附買回商業本票」（CP with Repurchase Agreements）的公開操作，主要是購買金融機構所持有的商業本票（Commercial Paper, CP），並於約定的時間內再度回售給銀行，用以增加市場的資金。但是，目前日銀已暫停執行此項操作。

然而，日銀又是如何透過上述操作提供資金的呢？操作的方法是在上述商品買入時，日銀直接將資金匯入各個銀行在日銀的活期存款帳戶內。

在之前的章節，我們曾經介紹過銀行之間有一個可以相互調度資金的同業拆款市場（→ 2.3節），用以調節銀行之間過剩或不足的資金。但是，由於日銀透過公開市場操作注入了資金，所以就不再需要從同業拆款市場中調度。因此，市場利率自然就會下降。

相反地，日銀主要的吸收資金操作，包括以下兩種：

① 發行央行存單

日銀透過發行央行的定期存單（票券的一種，承諾在未來的特定日期，本息一次支付），以吸收市場上過剩的資金。

② 公債附買回交易

日銀透過出售附買回條件的公債來吸收市場資金。

同樣地，吸收市場資金的公開操作，就是各家銀行從開設在日銀的活期存款帳戶直接匯款給日銀。

銀行在日銀的存款帳戶金額減少了，銀行資金不足的部分就必須再從同業拆款市場中籌措。於是，市場利率自然就會上升。

▶ 官方貼現率的性質完全改變了

接下來我們說明「**官方貼現率政策**」。也就是日銀透過調整官方貼現率的高低，來影響民間金融機構向日銀調度資金的增減，進而影響貨幣供給量的方法。其可能產生的效果如下：

- 官方貼現率上調→民間銀行向日銀調度資金變得困難→民間銀行可於市場放貸的資金量減少
- 官方貼現率下調→民間銀行向日銀調度資金變得容易→民間銀行可於市場放貸的資金量增加

但是，如2.9節末所述，官方貼現率目前也已更名為「基準貸款利率」。現在，民間銀行幾乎不再以官方貼現率的利率向日銀借錢了。

目前（2017年12月）的官方利率大約為0.3%，遠遠比市場利率高出許多。原因是，日銀以一種高利率的方式提供給無法在貨幣市場上借到資金的金融機構，所以也被視為是一種「懲罰性的利率」。

過去的官方貼現率的設定一向都是低於市場利率，感覺是對銀行業者的一種帶有「補貼」性質的優惠利率。所以，現在的官方利率對於銀行業者而言，簡直就是「從天堂到地獄」的變化。

▶ 1991年之後，已經不再實施存款準備率操作

傳統的貨幣政策的第三種是「存款準備率操作」。

日銀要求所有的民間金融機構有義務將所收到的存戶存款，提存一定比例以上的金額存入自家銀行在日銀（日本央行）的存款帳戶，這個義務被稱為「**存款準備金制度**」（Reserve Requirement

System），而一定比例的提存則被稱為「**存款準備率**」（**Required Reserve Ratio**）。

而透過存款準備率的操作，日銀預期可以產生影響如下：

- 提高存款準備率 → 銀行可放貸的資金減少
- 降低存款準備率 → 銀行可放貸的資金增加

其中，民間銀行應該回存至央行的最低金額則稱為「**法定準備**」（**Required reserves**，或是「必要準備」）。例如，某一銀行的存款餘額約為 2.5 兆日圓，存款準備率為 1.2%，「法定準備」則應約為 300 億日圓。

但是，自 1991 年 10 月以來，日銀就不再實施存款準備率的操作，當然也完全不是貨幣政策的主要操作手段。

原因是自 1990 年代以來，日本經濟進入了長期的景氣低迷，利率幾乎也降至 0%，貨幣寬鬆政策的運用也幾乎到了極限。降低存款準備率以增加市場對資金需求的方法已經失去了效力。

近年來，民間金融機構在日銀的存款帳戶，所存放的金額遠遠高於法定準備金的額度（超額準備）。這也是日銀實施量化寬鬆政策（→ 5.1 節的④）後的必然結果。

自 2008 年 9 月雷曼兄弟所引發的金融危機以來，美國和歐元區國家也一直處於超額準備的狀態。目前還有存款準備率操作的國家，主要還是如中國和印度等新興市場國家。

▶ 日本央行領先世界率先採用非傳統的貨幣政策

另一方面，所謂的非傳統的貨幣政策，如日銀（央行）在 2001

年3月推出了以央行活期存款餘額為指標的「**量化寬鬆政策**」，並於2010年10月再推出「**廣泛的貨幣寬鬆政策**」（→5.1節的⑪），其中包括加入購買公債、CP（商業本票）、公司債、ETF和J-REIT等操作。

實際上，日銀是世界上最早採用這種非傳統貨幣政策的中央銀行之一。例如，較少為人知的可能有，率先提出「通貨緊縮疑慮未有任何消除跡象之前，持續保持零利率政策」的「**前瞻指引**」（**Forward Guidance**，中央銀行對貨幣政策未來方向的指導方針）的也是日銀。

但是，日銀雖然大量地購入公債等進行資金挹注市場的操作，期望藉由增加銀行的活期存款，進而增加銀行的放貸資金。然而，銀行對企業和家庭的放貸卻沒有如預期的增加。主要原因有以下兩項：

① 不良債權問題

即使銀行有過剩的資金，也不會輕易借給信用較差的企業或個人。因為如果借款人無法如期還款或發生債務違約，那麼借出去的資金就會變成「不良債權」，壓縮了銀行的獲利，因此銀行也不敢貿然放貸。

② 資金需求疲軟

由於景氣不佳，所以想要借錢的企業和家庭不多。需求量不高，民間銀行的貸款成長變得緩慢。經濟學稱這種情況為「信用創造不活躍」。

因此，即使日本央行不斷向市場提供大量的資金，民間銀行的過剩資金仍然無處可去，只能被迫留存在日銀的活期存款帳戶成為

「超額準備」。也可以說，日銀堆積了越來越多的「死存款」。

為此，日銀又於 2013 年 4 月推出了稱為「非傳統量化寬鬆」的「量質兼備的貨幣寬鬆政策」，為的就是希望「貨幣基數」（Monetary Base，也就是央行直接供應市場的貨幣）能在 2 年內擴大為原來的兩倍，大量購買包括長天期的巨額公債。這完全是一種量與質都非傳統操作的大膽貨幣寬鬆政策。

此外，日銀更於 2016 年 1 月導入了「附負利率的量質兼備的貨幣寬鬆政策」（負利率政策），並於同年 9 月再推出「附長短期利率操作的量質兼備的貨幣寬鬆政策」的貨幣政策。

以下我們將針對日本於 2016 至 2017 年的貨幣政策詳加說明。

▶ 日本首次推出「負利率政策」

這項政策的正式名稱為「附負利率的量質兼備的貨幣寬鬆政策」，即是民間金融機構存放在日銀的活期存款的一部分適用 −0.1% 的負利率。主要是對民間金融機構存放在日銀的那些停滯不動的「死存款」所做出的處罰。

目的還是希望銀行因為存放於日銀的存款會被收取利息而蒙受損失，進而努力去增加對企業和個人的放款。

具體來說，這個政策是採用了瑞士等國所使用的分層結構模式。並不是所有的活期存款都適用負利率，而是將存款分為基礎餘額（＋0.1%）、總體附加餘額（0%）和政策利率餘額（−0.1%）三個層次。

根據日銀的推算，金融機構全體適用的基礎餘額共約 210 兆日圓，即 2015 年全年活期存款的平均餘額。

接下來，適用零利率政策的總體附加餘額最初約為 40 兆日圓，

負利率政策與日銀（央行）活期存款的三層利率結構

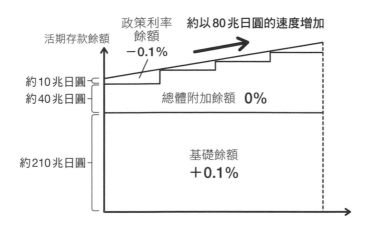

包括法定存款準備餘額（約9兆日圓）、出借的援助基金和金融機構的災區援助運用基金的總額（約30兆日圓）。「總體附加餘額」這部分，日銀可以另行裁量增加額度。最後，政策利率餘額適用的−0.1%最初約為10兆日圓，計算公式為「存放在日銀的活期存款−基礎餘額−總體附加餘額」。

如上所述，適用負利率政策的政策利率餘額，可透過日銀自主裁定的總體附加機制進行調節。

根據貨幣政策的試算，整個金融機構的活期存款餘額每年還會以約80兆日圓的速度持續增加，即每3個月約增加20兆日圓。如果不重新審視總體附加餘額（最初約40兆日圓），增加的部分將全部成為政策利率的餘額，也就是說，3個月後將達到30兆日圓（最初的10兆日圓＋增加的20兆日圓）。

假設此時日銀將總體附加餘額增加20兆日圓，那麼總體附加餘額將從約40兆日圓增加到約60兆日圓，而政策利率餘額則保持不

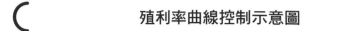

殖利率曲線控制示意圖

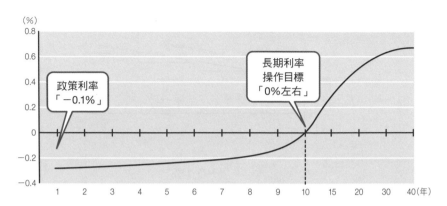

變,仍為10兆日圓。

雖然日銀預期透過實施負利率政策,能夠增加對企業和個人的貸款和投資,但如果判斷效果不彰,也有可能再擴大負利率的幅度。但是,銀行還是擔心因為增加放貸而導致獲利受損,可見負利率政策還是困難重重。

▶ 導入「殖利率曲線控制」(Yield Curve Control)政策

在前面的章節我們曾提及日銀提出「**附長短期利率操作的量質兼備的貨幣寬鬆政策**」,主要是加強(或是修正)原有的「量質兼備的貨幣寬鬆政策」和「附負利率的量質兼備的貨幣寬鬆政策」所形成的一個新的貨幣寬鬆框架。而主要的組成要素有以下兩項。

一是,透過金融市場的調節,操作長短期利率的「**殖利率曲線控制**」(長短利率操作)。

首先,短期利率沿襲負利率政策,政策存款餘額的利率適用−0.1%的負利率。而長期利率方面,則執行長天期公債的買入,以

使10年期公債利率維持在約0%左右。如此一來，殖利率曲線（→3.3節）就會呈現出如圖所示的曲線。

除了政策利率的短期利率操作之外，長期利率也是操作的標的，目的是將長短期利率控制在一定的範圍之內，防止長期和超長期利率過度下跌的不利影響。這是因為過度平坦化的殖利率曲線對銀行的獲利、壽險和養老金的投資運用等的負面影響都會增加，甚至也不利於景氣的復甦。如之前所述，操作長期利率的方式是透過購買公債來誘導長期利率，購買的金額還是維持以往的水位（年度增加金額約80兆日圓）。此外，為了遏止長期利率的上升，日銀還有「致勝王牌」，就是推出指定殖利率購買公債的「指定價格操作」。

另一個支柱是「通膨超標承諾」（Inflation-overshooting Commitment），即「消費者物價指數（除生鮮食品外）同期比的上漲率沒有持續且穩定超過2%之前，持續擴大貨幣基數」的操作。以往的寬鬆政策是「為了實現穩定2%的通膨目標，必要時持續進行貨幣操作」，但這次卻是承諾以超過目標（超標），來強化政府實現物價穩定的決心，希望取得人們的信任與認同。

日銀認為，同時結合上述負利率政策和購買長天期公債的貨幣政策，對實現2%的通貨膨脹目標應該會有所幫助。但是，截至2017年12月，已經過去了一年多，還是沒看到明顯的效果。

4.5

財政政策如何發揮作用？

財政政策是該擴張還是緊縮？是否應該增加發行公債？這些都會影響長期利率。

▶ 擴張和緊縮的財政政策與長期利率的關係

「財政」基本上對利率的影響也很大。首先，政府徵收的稅金可用於「年金、醫療等的社會照顧」、「教育」、「道路整修和災害重建的基礎建設」、「國防」等用途。然而，財政則是指政府利用稅金提供各種有利於國民生活的服務活動。

「財政政策」則是泛指國家或地方政府如何掌舵財政工具的實質內容。

我們知道，影響國家整體經濟的政策，稱為「總體經濟政策」。「總體經濟政策」通常分為兩種：①**中央銀行的貨幣政策**，②**政府的財政政策**。有時也包含匯率政策。

在2.6節，我們說明了①中央銀行（日銀）的貨幣政策對短期利率的顯著影響。

另一方面，②政府的財政政策則是更傾向於影響長期利率。

這是因為公債的發行方針是由國家財政政策所決定。公債殖利率

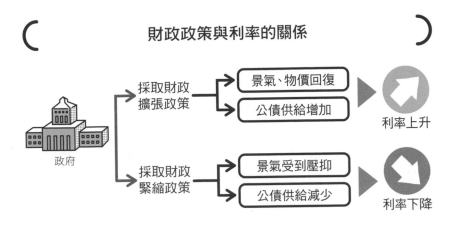

財政政策與利率的關係

採取財政擴張政策 → 景氣、物價回復 / 公債供給增加 ▶ 利率上升

政府

採取財政緊縮政策 → 景氣受到壓抑 / 公債供給減少 ▶ 利率下降

（→2.7節）是長期利率的指標。而且，影響公債殖利率也會影響債券的供需均衡，因此可以說，財政政策對於整體的長期利率也會有很大的影響。

　　財政政策不僅對當前經濟和通貨膨脹產生影響，也會對未來的經濟和物價產生影響。這是因為如果實施的財政政策能夠促進未來的經濟穩定成長，市場預期未來經濟將出現景氣好轉的跡象，就會促使長期利率的上升（景氣和利率的關係→4.2節）。

▶ 財政政策朝向擴張，代表的意義？

　　財政政策可分為「財政擴張」（Fiscal Expansion）或「財政出動」，以及「財政緊縮」（Fiscal Austerity）兩種模式，以下我們將分別說明其與利率之間的關係。

　　因為景氣低迷，首先，我們先看看政府到底是會採用「財政出動」還是「財政擴張」的景氣對策。

　　所謂「財政出動」是指政府透過增加預算的支出規模、或是減稅等手段，來刺激經濟推動景氣回升的措施。

　　而「財政擴張」是指不惜擴大財政赤字的風險，也要積極推動財

政政策，比「財政出動」的範圍更廣泛。

但是，因為經濟低迷造成國家稅收減少，政府的預算收入也會低於預期。這是因為企業沒有獲利，各種營利稅收減少，勞工薪資也會跟著降低，所以個人所得稅的稅收也會減少。此外，也由於各種經濟活動不熱絡，營業稅的收入也下降。

在這種情況下，儘管稅收減少，但政府還是必須投入資金以刺激經濟。因此，為了彌補財政資源的不足，政府唯一的解決方法就是增加政府公債的發行。

如此一來，**預期可以恢復景氣和物價，同時公債的供給量增加也會導致公債殖利率的上升，進而提高整體的長期利率。**

▶ 財政政策朝向緊縮，代表的意義？

接下來，再讓我們想想如果政府為了實現財政健全化（財政再建），而採取「財政緊縮」的情況。

所謂的財政緊縮是指透過削減國家預算的支出或增加稅收，試圖縮小財政赤字的做法。

這樣一來，財政赤字的幅度就會減少，當年度的新發行的公債總額也會比前年度較少。這將會對經濟造成壓力，**同時由於公債供給減少，公債殖利率就會下降，長期利率也會隨之下降。**

但是，以上的論述都只是基本原理。2012 年 12 月第二次重新上任的安倍內閣為了擺脫通貨緊縮的泥淖，實施了經濟政策包，也就是所謂的「安倍經濟學」（安倍三箭：大膽的貨幣政策、靈活的財政政策、鼓勵民間投資的經濟成長策略）。雖然財政政策是朝擴張方向運作，但由於日銀的非傳統貨幣寬鬆政策導致了債券市場功能下降（→ 3.1 節），使得利率並未能如預期上升。

4.6

外匯市場的波動對經濟的影響

外匯市場的波動與日本的經濟、物價息息相關，進而影響利率。

▶ 匯率每天都在變動

「**外匯市場**」的波動也是影響利率的因素之一。

外匯市場指的是兩種不同貨幣之間的兌換比率，例如新聞報導「今日東京外匯市場的匯率收盤為 1 美元＝ 90 日圓」，可以理解為在當天東京外匯市場上，1 美元最終以 90 日圓的價格進行交易。

在解釋為什麼外匯市場的波動會影響利率之前，先解釋外匯市場中「美元／日圓匯率」（即日圓與美元的兌換比率）的意義。

所謂「日圓升值」或「日圓貶值」指的是日圓的價值上升或下降，其中的關係如下：

• 日圓價值上漲 → 美元價值下跌（日圓升值、美元貶值）
• 日圓價值下跌 → 美元價值上漲（日圓貶值、美元升值）

但是，「日圓升值」或「日圓貶值」並沒有一定的固定標準，也

就是說沒有特定的價格水準可以用來定義日圓到底是貴了還是便宜了。基本上，只是相對於某個時間點來說，日圓的價值是上升或下跌了而已。

例如，當 1 美元兌換 120 日圓的匯率來到 100 日圓時，就稱為「日圓升值」；當 1 美元兌換 80 日圓的匯率來到 100 日圓時，就稱為「日圓貶值」。

所以說，同樣都是 1 美元兌換 100 日圓，是稱為「日圓升值」還是「日圓貶值」，都是取決於與先前匯率的相互比較。

▶ 匯率影響物價，也影響利率

由於日本的經濟成長動力高度仰賴出口，因此匯率的波動對景氣走向（→ 4.2 節）有著極大的影響。此外，日本也是個缺乏天然礦產資源的國家，因此需要大量進口原油等原材料和各種商品。因此，匯率的波動對國內物價也影響很大。

在 4.3 節，我們說明了物價和利率之間有著密切的關係。因此，匯率也是影響利率波動的重要因素。

以下，我們將分別根據日圓升值和貶值解釋利率的變化。

① 日圓升值時

當日圓升值時，進口原材料如原油、天然氣、鐵礦砂、煤炭、玉米、小麥等的價格也會下降。隨著原材料成本的降低，國內生產價格也會下降，進而導致物價下跌。當物價下跌時，利率也會下降，因此：

日圓升值 → 物價下跌 → 利率下降

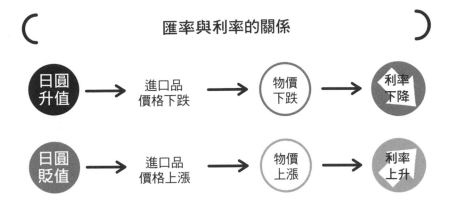

匯率與利率的關係

| 日圓升值 | → | 進口品價格下跌 | → | 物價下跌 | → | 利率下降 |

| 日圓貶值 | → | 進口品價格上漲 | → | 物價上漲 | → | 利率上升 |

目前的環境正處於通縮（物價下跌）的狀態，若日圓升值，進口商品的價格下降，國內商品也會面臨強烈的價格下跌壓力。

此外，日圓升值也意味著通縮壓力增加。為了防止通貨緊縮，市場會擔心日銀是否會再實施新的貨幣寬鬆政策（→4.4節），這也是造成利率下降的因素。

② 日圓貶值時

進口商品價格上漲，國內產品的價格也會隨之上漲。同時，進口原材料的價格上漲，也會導致國內生產價格上漲，進而導致物價上漲。當物價上漲就會導致利率上升，因此：

> 日圓貶值 → 物價上漲 → 利率上升

▶ 利率對匯率有何影響？

反過來，利率的波動當然也會影響匯率。

以下以美國和日本的關係來說明。

例如，當美國的利率上升（或日本的利率下降），一旦美日之間

的利差擴大，美國的金融商品就比日本的金融商品更具優勢。

因為每個人都希望自己寶貴的資產可以用更有利的條件進行投資，因此許多投資人會將日圓換成美元，購買美國的金融商品。這就會導致美元被買進，也就造成了日圓貶值、美元升值。

另一方面，當日本的利率上升（或美國的利率下降），美日之間的利差縮小，這時日本的金融商品相對於過去更具優勢。

這時，如果許多投資人將美元換成日圓，購買日本的金融商品，結果是，日圓獲得買進，就會形成日圓升值、美元貶值。

因此，利率的波動對匯率會產生的影響，如下：

- 美國利率上升（或日本利率下降）→會導致日圓貶值、美元升值
- 日本利率上升（或美國利率下降）→會導致日圓升值、美元貶值

但是，外匯市場不僅僅受到國內外利差的影響，還受到國家相關的政治經濟狀況、貿易收支、股市等多種因素的影響。因此，通常的情況下，當內外利率差擴大時，高利率國家的貨幣雖然會成為競相購買的標的，但外匯市場並不一定會全然按照這種規律變化。

4.7

股票市場的上漲或下跌對金融市場的影響

一般來說，當股價上漲時，債券會更容易被拋售（導致利率上升），而當股價下跌時，債券則更容易被收購（導致利率下降）。

▶ 股價與利率互為相關

「股票市場」的走勢也是影響利率波動的要因。

從下圖我們可以看出，長期利率指標的10年期公債殖利率和股價指數的TOPIX（東證股價指數，指涵蓋東京證券交易所一部的所有上市股票的代表股價指數）的走勢，從2013年左右開始呈現明顯的乖離。這是因為日銀推出了所謂「非傳統貨幣政策」（於2013年4月實施）使得長期利率持續下降，同時2012年12月第二次安倍內閣所推出的經濟政策「安倍經濟學」（安倍三箭：大膽的貨幣政策、靈活的財政政策、鼓勵民間投資的經濟成長策略）以及日圓貶值的助力下，推升了股價。

但是，如果觀察之前的股市走勢，股票市場和利率之間的動向可以說大致呈現以下的關連性：

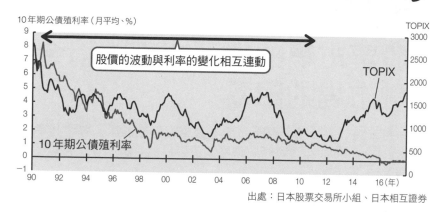

TOPIX 指數和長期利率本來就相互連動

10年期公債殖利率（月平均、%）

股價的波動與利率的變化相互連動

TOPIX

10年期公債殖利率

'90 '92 '94 '96 '98 '00 '02 '04 '06 '08 '10 '12 '14 '16(年)

出處：日本股票交易所小組、日本相互證券

- 股票指數上升＝利率上升
- 股票指數下跌＝利率下降

讓我們想想為什麼會出現這樣的情況。

① 當股價上漲時

如果感覺股票價格似乎不斷地上漲，你可能會想將手上的存款和債券等資產變現，然後購買更多的股票。

當很多人都採取相同的行動，想要賣掉債券，債券的價格自然會下跌，而利率則會上升（債券價格和利率的關係→2.7節末）。

② 當股價下跌時

相反的，當你持有的某個上市公司股票，股價開始逐漸下跌。

如果你感覺到股價可能還會繼續下跌，你應該會想賣掉手中持有的股票來換取現金，然後轉換成存款或債券等資產。

當很多人都採取相同的行動時，想要買進債券的人就會增加，債

券價格自然上漲，利率也會下降。

這種情況對於日經平均指數和TOPIX也是一樣。

股價被視為經濟的先行指標（顯示未來方向的指標）。以下我們將解釋為何股價的上漲或下跌是經濟的先行指標：

① 當股價上漲時

市場預測未來企業的銷售額和獲利將增加，這是一個訊號。如果企業表現良好，我們的薪資和獎金將會增加，個人消費也會變得活絡。如此一來，這將進一步推動企業的業績成長，形成景氣的良性循環。

這時，市場普遍會預測，日銀應該會提高政策利率，這樣的預測可能會更進一步促使市場利率的上升。

正如前面所述，股價上漲表示市場預期企業的未來銷售狀況和獲利將會增加。換言之，股價上漲是景氣復甦的訊號。但是，如果景氣太好，也可能有通貨膨脹的危險。

② 當股價下跌時

市場正在發出警告，未來企業的銷售和獲利即將減少。如果企業表現不佳，我們的薪資和獎金將不會增加，荷包會變得更加羞澀。這將導致個人消費能力下降，進而導致企業業績表現不佳，形成惡性循環。

這時，市場普遍會預測日銀應該會調降政策利率，這可能更進一步促使市場利率的下降。

另外，儘管媒體經常提到「股票轉向債券」，但是，實際上賣股票的投資人和買債券的投資人通常不是同一族群。

4.8

美國的貨幣政策牽動日本的利率

被譽為「世界的中央銀行」的美國聯準會的貨幣政策，也會影響到日本的利率。

▶ 各國經濟皆以美國為中心相互連結

這一節，我們將說明美國的貨幣政策如何影響日本的經濟和日本國內的利率。

首先，各國都有自己的「中央銀行」，而中央銀行主要任務是控制自己國家的利率，維持物價和金融體系的穩定。之後，我們將介紹各國的中央銀行，包括日本的「日本銀行」、美國的「聯邦準備理事會」（Federal Reserve Board, Fed，以下簡稱聯準會）、歐盟的「歐洲中央銀行」（ECB）和英國的「英格蘭銀行」（BOE）（有關各國中央銀行→ Part 6）。

其中，**Fed 不僅是美國的中央銀行，還可以說是「世界的中央銀行」，對世界各國擁有巨大的影響力。**

原因是，美國經濟一向被視為是世界的核心，從先進國家到中國、巴西、印度等新興經濟體，世界各國的經濟都是透過貨物和貨幣的流動而形成一個交織的網絡。

美國經濟是世界經濟的中心

連接了世界
各國的經濟

Fed

美國經濟是
世界經濟的中心

Fed的貨幣政策主導了美國的經濟

也牽動包含日本在內的世界經濟

因此，Fed的貨幣政策不僅影響美國國內，而且影響著世界各國的經濟。

2008年9月，美國爆發了「雷曼兄弟」所引發的金融危機。之後，先進國家和新興經濟體的經濟宛如骨牌效應一般一個個地迅速惡化，也讓我們再度確認世界經濟的結構絕對是相互關聯、相互依存的。

這場雷曼兄弟所引發的金融危機之前，世界各國普遍存在一種「脫鉤論」（Decoupling Theory）。認為新興的經濟體與美國經濟是脫鉤的，即使美國經濟惡化，新興經濟體的經濟也不至於會受到影響。

顯然，這個「脫鉤論」已經完全被否定了。

▶ 美國主導聯合降息

2008年金融危機爆發之後，美國聯準會（Fed）就主導了一場名

為「利率協調會議」的行動，協調指導各國央行應該同步進行政策利率的調降。

2008年10月8日，除了美國聯準會外、歐洲央行ECB、英國的BOE、瑞士國家銀行（瑞士央行）及加拿大央行和瑞典央行等6國中央銀行一起實施了利率調降政策。而且，所有中央銀行的利率降幅均為0.5%。

協調調降利率的最主要原因當然是，美國爆發的金融危機已經波及到歐洲，造成全球股市的暴跌，全球金融市場大亂，不得不做出緊急應變措施。隨後，日本銀行（央行）也於10月31日跟隨調降了利率0.2%。

▶ 美國聯準會今後的決定將影響全球經濟

美元可說是目前世界上最受信任的貨幣，也是全球使用最廣泛的「**關鍵貨幣**」（**Key Currency**）。透過貨幣政策掌握著美元命運的美國聯準會（Fed）的任何政策，尤其是利率調升的時間和幅度，對世界經濟無論是好或壞都有極大的影響。

2018年現在[2]，美國從次級房貸風暴的信貸危機至今還不到10年，美國的經濟可說尚處於「療養期」或「恢復期」。此時的美國，薪資和物價上漲緩慢，如果聯準會強行調高利率，很可能會導致美國經濟崩潰，對全球經濟產生巨大的負面影響。所以說，美國利率的波動，也能透過外匯市場強烈影響日本的利率。

---

2 本書日文原著最後修改出版的時間。

4.9

信用影響利率的高低

根據貸款人的信用評等加上相應的「風險貼水」，利率也會變動。

▶ 信用評等越低，風險貼水越高

銀行的貸款利率會根據借款對象的「信用度」而有所不同，這是指借款人是否能夠嚴格按時償還本金和利息。

當無法償還債務的風險（信用風險〔Credit Risk〕）越高，利率就會越高，而這個比正常利率多出來的部分就是「風險貼水」[3]（**Risk Premium**）的一種（此外還有價格波動風險、財務風險、流動性風險等類型的風險貼水）。

假設某家銀行以短期基本放款利率3%，貸款給優良企業A公司。

所謂「**基本放款利率**」（**Prime Rate**），也稱為「最優惠利率」，是指銀行所能提供最優惠的貸款利率。對於期限在1年以下的貸款，稱為「**短期基本放款利率**」（**Short-term Prime Rate**）；期限在1年以上的貸款，則稱為「**長期基本放款利率**」（**Long-term Prime**

---

3 風險貼水：又稱為風險溢酬。

Rate）。對於想要貸款的人來說，這是最優惠的貸款利率。

此時，如果有另一家信用風險較高的中小企業B公司，希望以與A公司同樣的短期利率申請貸款，B公司應該會被銀行以「貴公司的信用額度不足」而拒絕。

但是，如果此時B公司急需這筆貸款，並表示「願意支付更高的利率以取得貸款」時，銀行會如何做呢？

由於銀行也是營利機構，如果滿足以下2個條件，銀行有時也會同意客戶的貸款申請：①可以獲得高於一般利率的較高獲利，②可以確保獲得與貸款違約風險相匹配的高利率。

在這種情況下，如果貸款條件由短期基本放款利率的3%，再增加2%到5%，此時所增加的2%就是「風險貼水」。

風險貼水隨著信用風險的增加而增加，貸款利率也會上升。相反，隨著信用風險的降低，風險貼水就會減少，貸款利率也會降低。

目前，在日本的銀行貸款業務中，短期基本放款利率的使用已經不多見了。反之，特別是針對大企業的放貸，使用「**利差放款**」（**Spread Lending**）的比率正在逐漸上升。

所謂的「利差放款」就是例如以TIBOR（→2.5節）為貸款的基準，然後再根據貸款人的信用增加相應的風險貼水，並以此作為貸款利率的貸款方式。在這種情況的風險貼水決定方式與前面所述相同。

▶ 期限和流動性也會影響風險貼水的高低

風險貼水也會因貸款時間長短而有所變化。

在現今社會，連1年後的情況都難以預估，更何況是10年後，未來實在難以預測。銀行也是一樣，如果貸款期間越長，中途發生問

按基本放款利率放款

銀行　　　　　　　　A公司（優良企業）　　高信用評等

按基本放款利率＋風險貼水放款

銀行　　　　　　　　B公司（中小企業）　　低信用評等

題導致無法還款的風險也會增加，因此風險貼水也會變高。

　　此外，對於債券來說，除了信用風險和期間，「**流動性**」也會是一個相關的因素。所謂流動性是指市場上交易的難易程度。買賣不便、兌現不易的風險即稱為「**流動性風險**」（**Liquidity Risk**）。

　　例如，不受投資人喜愛的債券由於買主很少，因此不得不以較差的價格賣出，或者可能變得無法出售。這樣的高流動性風險的債券，風險貼水也會增加。

　　總而言之，風險貼水會因信用風險、期間、流動性風險等因素而有所變化。換言之，隨著不確定性因素的增加，貸款利率也會上升，資金調度成本也會增加。

4.10

信評公司的評價也會影響利率的高低

信評公司對債券信用等級的評價，反映利率高低。

▶ 債券的違約風險可由信評公司的評等判斷

「信用評等公司」（**Credit-rating Agency**，簡稱信評公司）的評估是影響利率的主要因素之一。首先，讓我們先介紹一下何謂信評公司。

當債券（→ 1.7節末）的發行機構破產時，收回本金和利息的可能性會下降。這種風險就稱為「**違約風險**」（**Default Risk**，債務不履行的風險）。

一般來說，投資人如果沒有一個基準去判斷「債券的違約風險有多大」，則實在很難讓投資人能夠安心地投入資金購買公債、公司債等。

因此，信評公司便以字母等簡單易懂的符號，提供與債券安全相關的訊息。

這樣的信評公司可以說扮演著非常重要的角色。

其中比較具有代表性的公司有：美國的「標準普爾信用評等公司」

	穆迪（Moody's）	標準普爾（S&P）
投資等級	Aaa	AAA
	Aa（1〜3）	AA（＋,－）
	A（1〜3）	A（＋,－）
	Baa（1〜3）	BBB（＋,－）
投機等級	Ba（1〜3）	BB（＋,－）
	B（1〜3）	B（＋,－）
	Caa（1〜3）	CCC（＋,－）
	Ca	CC
		C
	C	D

高

信用度

低

投資等級 ──→ 適合投資
投機等級 ──→ 高投資風險

（Standard & Poor's, S&P）、「穆迪信用評等公司」（Moody's Investors Service）、位於美英的「惠譽國際信用評等公司」（Fitch Ratings），以及日本的「格付投資情報中心」（Rating and Investment Information, Inc., R&I）、「日本評級研究所」（Japan Credit Rating Agency, Ltd., JCR）等。

每家信評公司對於「發行機構在到期日之前，是否能夠如期支付債券的本金和利息」，都利用簡單的符號進行評價。現在，讓我們介紹較具代表性的S&P和穆迪（Moody's）這兩家信評公司的評等系統（如圖）。

① S&P 的信用評等

首先，S&P的長期債務（到期日在1年以上的債券）評等符號從最高的信用等級「AAA」到最低信用等級「D」不等。

其中「AA」至「CCC」均再加上「＋」和「－」符號，再細分為 3 個級別。例如，「AA」等級按照評分高低分為「AA+」、「AA」、「AA-」。

再者，評價可分為以下 2 個類別。

・「AAA」～「BBB-」

為「投資等級」，表示適合投資。

・「BB+」以下

為「投機等級」，代表投資風險很高。

② 穆迪（Moody's）的信用評等

穆迪的長期債務評等，有從最高信用評等的「Aaa」到最低等級的「C」。

其中「Aa」到「Caa」會再加上「1」「2」「3」，各再細分成 3 個等級。例如，「Aa」級別，按評等高低順序可分為「Aa1」「Aa2」「Aa3」。

・「Aaa」～「Baa3」

為「投資等級」，代表適合投資。

・「Ba1」以下

為「投機等級」，代表投資風險很高。

因此，在以上兩家公司的「投機等級」評等的債券，即是代表信用風險相當高的債券（→ 4.9 節），所以也被稱為「垃圾債」（Junk Bond）。

但是，垃圾債也並非無人購買。美國與日本不同，追求「高風險，高報酬」（High-risk, High-return，風險很高，但有可能獲得更高的投資報酬）的投資人還是大有人在。因此，垃圾債市場的交易

量也非常大。

所以，即使信用等級較低的企業，在債券市場上也會有籌措資金的手段。

儘管信評公司的表達方式有所不同，但是，基本上都會區分不同評等的族群。

此外，信評公司對於公債和公司債等債券的評等，除了級別的評等之外，通常還會附帶表示對未來走向的「**展望**」（**Outlook**）。例如，S&P的「展望」可分為以下4種，分別定義「長期評等的中期（通常為6個月～2年）可能發展方向」。

①正面展望

表示可能朝著更高等級的方向發展。

②負面展望

表示可能向更低等級的方向發展。

③穩定展望

表示可能保持等級穩定。

④未來方向不確定（發展中）

表示等級可能向上也可能向下發展。

▶ 信評公司的評等並非絕對

債券的評等是投資人非常重要的訊息來源，但必須注意的是，評等也並非絕對，只是評等公司所提出的一種看法。

例如，穆迪（Moody's）的網站便寫道，穆迪的評等是「對於相對的信用風險及相關的未來展望提供意見」，這也代表評等並非絕對的評價，強調只是一種相對的觀點。

所以，同一檔債券，不同的信評公司給予不同的評價也不足為奇。

而且，也並不是所有人都會對信評公司所給的評等心服口服。例如，日本公債就曾被穆迪（Moody's）降級到「A2」，當時日本財務省就曾經強烈反駁此一評論。

▶ 評等會影響發行機構的籌資成本

評等會影響發行機構的籌資成本，也就是所謂的「風險貼水」（Risk Premium），風險貼水指的就是前一節所述，根據債券的違約風險加收的利率。債券的利率會根據發行機構的評等而有所不同，可分析如下：

---

* 發行機構的評等越高 → 風險貼水越低 → 利率越低
* 發行機構的評等越低 → 風險貼水越高 → 利率越高

同時，如果信評公司修正評等時，債券利率則會產生以下變化：

---

* 評等下調 → 風險貼水增加 → 利率上升
* 評等上調 → 風險貼水減少 → 利率下降

因此，信用評等較低的發行機構勢必要提高債券利率才能吸引投資人，否則投資人不會購買，因此籌資成本就會提高。

相反，信用評等高的發行機構即使債券利率較低，投資人也會願意購買，因此籌資成本就會降低。

還有，財務較為健全的優質企業會願意支付費用取得信評公司的信用評等，這稱為「主動評等」（Solicited-rating）。如果能獲得較好評等，就能以更低的成本籌措資金。

相反，也有不想取得信用評等的企業，而信評公司也可能基於自

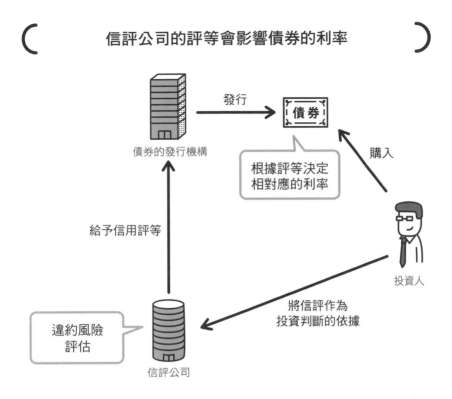

信評公司的評等會影響債券的利率

發行

債券

根據評等決定
相對應的利率

債券的發行機構

購入

投資人

給予信用評等

違約風險
評估

將信評作為
投資判斷的依據

信評公司

己的判斷，公布該企業的信用評等，則稱為「**被動評等**」
（**Unsolicited-rating**）。例如，像國家、銀行、保險公司等重要發行
者可能就會受到信評公司的被動評等。

　　如果信用評等被降評，對債券利率可能產生重大影響。尤其，像
退休基金這樣的機構投資人（→5.3節）有時也會訂定債券投資的
最低信用評等基準。

　　此外，中央銀行有時也會制定債券的最低評等標準，因為在介入
貨幣市場的公開市場操作（→4.4節）時，有時需要以此作為注入
資金的擔保。因此，如果某個債券的評等被降評，並跌破某個關鍵
水位，這時，需求可能會急遽下降。結果是該債券會被大量拋售，
殖利率便會急遽上升。

Part 5

影響利率的
參與者們

5.1
日銀決定利率走向

日銀已經持續實施超低利率政策超過20年，目前仍在繼續尋找更有效的貨幣寬鬆政策。

▶「金融政策決策會議」決定貨幣政策的方針

我們在4.4節提到了日本銀行（日本央行，簡稱日銀）的貨幣政策從「傳統的貨幣政策」轉向為「非傳統的貨幣政策」。這一節我們要更詳細地介紹貨幣政策的動向。

在日本，決定貨幣政策方針和政策利率的最高決議機構，就是日銀的「政策委員會」所召開的「金融政策決策會議」（**Monetary Policy Meeting**）。

政策委員會的成員包括日銀總裁、兩位副總裁和六名審議委員，共九人。各擁有一票的表決權，會議以多數決的方式決定日本的貨幣政策。

其中，審議委員是由大學教授和民間企業的高階董監事等互選出任。之後，還必須經過參眾兩院的同意，內閣任命後才能正式成為日銀的常任董事。任期五年，可連任一次。

金融政策決策會議原則上：

- 每年召開會議八次（2月、5月、8月和11月除外）
- 每次為期2日

除了議程主題的討論之外，每次會議結束前還必須決定下次會議的貨幣政策方針（金融市場調節方針）。

由於會議內容的國家貨幣政策涉及政府的經濟政策，因此政府相關單位的內閣府[1]和財務省[2]也都會有代表以政府觀察員的身分出席。但是，沒有表決權，只有要求延遲決議的「延遲決議請求權」。

會議主要討論內容為：

- **貨幣市場的調節方針**（例如：短期利率的誘導目標等）
- **經濟和金融的情勢分析**（景氣和物價的現況分析，以及未來的預測和主要風險因素評估）
- **貨幣政策決議的基本立場**

會議結束後，會立即對外發布有關會議討論內容和決議事項等內容的「**聲明文**」。

▶ 試圖恢復景氣的貨幣政策及結果

我們來回顧一下近年來日本央行的貨幣政策。

為了讓日本經濟擺脫長期的景氣低迷，日銀在過去20年來一直貫徹「**量化寬鬆**」（**Quantitative Easing, QE**）的貨幣政策。

① 零利率政策的導入

1999年2月12日的金融政策決策會議上，史無前例地決定推動「零利率政策」（**Zero-interest Rate Policy**），並持續了約1年6個月。

1　日本內閣府：相當於台灣的行政院。

2　日本財務省：相當於台灣的財政部。

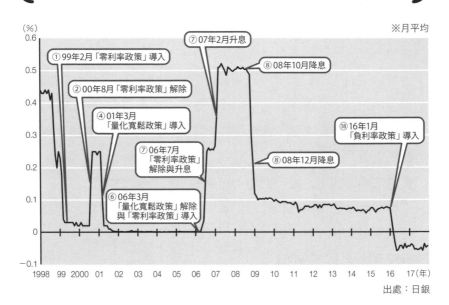

無擔保隔夜拆款利率的走勢與日本的貨幣政策

(%)　　　　　　　　　　　　　　　　　　　　　　　　　　　　　　　　※月平均

⑦07年2月升息

①99年2月「零利率政策」導入

⑧08年10月降息

②00年8月「零利率政策」解除

④01年3月「量化寬鬆政策」導入

⑱16年1月「負利率政策」導入

⑦06年7月「零利率政策」解除與升息

⑧08年12月降息

⑥06年3月「量化寬鬆政策」解除與「零利率政策」導入

1998　99　2000　01　02　03　04　05　06　07　08　09　10　11　12　13　14　15　16　17(年)

出處：日銀

　　該政策的目的有兩個，①是抑制通貨緊縮的壓力，②防止經濟惡化。

　　為此，日銀決定在市場上注入大量的資金，誘導政策利率（即無擔保的隔夜拆款利率→2.6節）盡可能維持在較低的水準。由於政策利率下降到趨近於0%的水準，因此稱為「零利率政策」。

② 零利率政策的解除

　　2000年8月11日的金融政策決策會議斷定「通貨緊縮的現象即將告一段落，景氣已現曙光」，因此解除了零利率政策。無擔保隔夜拆款利率的誘導目標也被上調至0.25%。

　　但是，當時的政府認為「零利率政策的解除」還為時過早，並提出延遲決議的要求，但卻遭到政策委員多數決（8比1）的否決。

③ 零利率政策的解除以失敗告終

2000年時無論日本、美國，IT產業相關的股票毫無實質根據的暴漲，最終導致了IT產業的網路泡沫相繼破滅，此時的日本再度陷入了經濟危機。

2001年3月，日本政府終於承認陷入「輕度通貨緊縮」的狀態。日本經濟再度進入經濟衰退和物價持續下降的局面。

結果，前一年8月的零利率解除政策，成了最糟糕的時機所做出的錯誤決策。

④ 量化寬鬆政策的導入

不過，日銀並不想公開承認「解除零利率政策的失敗」。因此，在2001年3月19日的金融政策決策會議，決定捨棄回到零利率政策，而是導入了「**量化寬鬆政策**」。

透過量化寬鬆政策，日銀將貨幣政策的目標，從以前的無擔保隔夜拆款利率變更為「日銀的活期存款餘額」。

量化寬鬆政策的操作方式是，首先，與過去相比，日銀會更長時間、更大量的向市場注入資金。如此一來，民間的金融機構在日銀的活期存款帳戶餘額也會隨之增加（公開市場操作→4.4節）。

日銀預期，一旦民間的金融機構有了充足的資金，就可能將資金用於企業貸款，市場資金的供給也會增加。

但事實上，量化寬鬆政策導入後，因為市場的資金過剩，無擔保隔夜拆款利率也幾乎等於0%。因此，當時的市場不免出現了一些揶揄日銀「背地裡繞了一圈還是回到了零利率政策」的聲音。

日銀的量化寬鬆政策目的，是希望達到間接增加市場的貨幣供給。然而，多數的專家則認為，現實情況的確是抑制了金融系統的不穩定性，但是，卻沒有達到刺激經濟的效果。

⑤ 量化寬鬆政策的擴大

日銀承諾，將持續推行量化寬鬆政策，直到「消費者物價指數（不含生鮮食品）的年成長率穩定達到0%以上」為止。

在設定政策的「時間軸」之後，日銀便不斷要求提高民間金融機構的活期存款餘額目標，導致資金如潮水般地大量湧入市場。

金融機構的活期存款餘額目標也由最初的4兆日圓增加到約5兆日圓，隨著日銀的目標逐步提高，最終增加到「約30至35兆日圓」左右。

⑥ 量化寬鬆政策的解除和回歸零利率政策

量化寬鬆政策在實施了約5年之後的2006年3月9日，日銀終於解除了量化寬鬆政策。政策委員會判斷「消費者物價指數的年成長率有望保持上升趨勢」，並將貨幣政策的誘導目標從「各大金融機構在日銀的活期存款餘額」，調整回「無擔保的隔夜拆款利率」。

利率誘導目標也訂為「盡量維持趨近0%利率」。

⑦ 零利率政策的解除和升息

2006年7月14日，日銀又再度解除了零利率政策，並升息0.25%。

此後，於2007年2月21日再度升息0.25%，無擔保隔夜拆款利率的誘導目標調整為0.5%。

⑧ 二度降息，政策利率調降至0.1%

2008年下半年，由於歐美爆發了金融危機，全球經濟急遽惡化。日本經濟也明顯陷入衰退，於是日銀於2008年10月31日再度進行降息，誘導目標利率降至0.3%。

之後，由於景氣持續惡化，同年12月19日又再度調降利率，誘導目標利率訂為「維持在0.1%左右」。

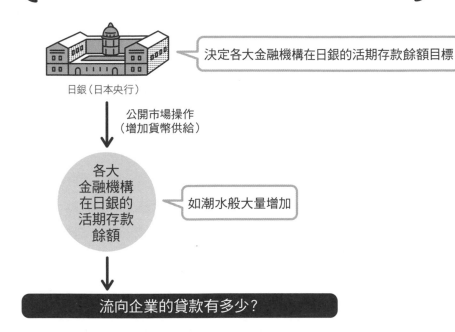

量化寬鬆政策的機制

決定各大金融機構在日銀的活期存款餘額目標

日銀（日本央行）

公開市場操作
（增加貨幣供給）

各大
金融機構
在日銀的
活期存款
餘額

如潮水般大量增加

流向企業的貸款有多少？

⑨ 導入規模達10兆日圓的新型態操作

即使到了2009年，日本經濟仍處於持續的通貨緊縮狀態，日圓升值、金融不安等因素的影響，導致日本的經濟變得更加嚴峻。

因此，於2009年12月1日，召開了臨時的金融政策決策會議，希望進一步降低中長期的利率，於是，導入規模高達10兆日圓的新型態資金供給手段（稱為：**新型態操作**）。

具體做法為：日銀接受公債、公司債等為擔保品，提供民間金融機構3個月期、固定利率為0.1%的貸款。這樣的舉措直接讓日銀增加了10兆日圓的貨幣供給，總共達到20兆日圓，實質利率也立即隨之降低。

例如，短期國庫券（TDB→2.7節）的殖利率趨近0.1%的低點，

而 Euroyen TIBOR 3 個月期利率（Euroyen TIBOR→2.5節）於 2010 年4月28日也下跌了0.4%。

⑩「新型態操作」增加6個月期放貸

2010年8月30日的金融政策決策會議，日銀決定將新型態操作（固定利率、共同擔保的資金供給操作）增加期限為6個月期的項目，資金的供給規模約為10兆日圓。最終，該6個月期的「新型態操作」所提供的市場資金供給規模總計達到30兆日圓。

⑪ 導入「廣泛的貨幣寬鬆政策」

接著在2010年10月5日的金融政策決策會議上，日銀為了進一步擴大貨幣寬鬆政策，導入了以下三項措施所組成的「廣泛的貨幣寬鬆政策」。

（1）利率誘導目標的變更

決定無擔保隔夜拆款利率維持在0～0.1%的水準。

（2）以「中長期物價穩定」為核心，明確訂定政策的時間軸

在未能預見物價穩定的情況下，持續執行實質的零利率政策。

（3）增設購入資產等的準備金科目

為了便於投資公債、CP、公司債、ETF（Exchange Traded Fund，指數股票型基金）、J-REIT（Japan Real Estate Investment Trust，不動產投資信託）等多樣化資產型投資的金融商品和新型態操作，日銀以暫時性的變通策略方式，考慮於資產負債表上增設「資產投資準備金」的會計科目。

之後，10月28日的金融政策決策會議上，針對以投資資產相關的金融商品，設定了購買準備金的投資總額及個別的投資購買額度，並做成以下決議：

（1）準備金總額：約35兆日圓

　　資產相關類型投資：約5兆日圓

　　新型態操作：約30兆日圓

（2）各種資產相關投資的個別投資額度：

　　長天期公債、短期國庫券：約3.5兆日圓（其中長天期公債約

　　1.5兆日圓）

　　CP、公司債：各約0.5兆日圓

　　ETF：約0.45兆日圓（需事先取得認購同意）

　　J-REIT：約0.05兆日圓（同上）

　　隨後，11月5日的金融政策決策會議，進一步對於ETF和J-REIT等的購買方式，訂定了具體的措施。

⑫ 強化「廣泛的貨幣寬鬆政策」

　　接下來，以下多次的金融政策決策會議，更進一步加強「廣泛的貨幣寬鬆政策」的推行。

● 2011年3月14日

　　由於311日本東北大地震的影響，日銀深怕日本企業的心態會更加趨於保守、及擔心貨幣市場的投資造成可能的風險，為了防範未然，避免對整體的經濟產生負面的影響，於是將以購買風險資產為主的資產相關準備金額度增加5兆日圓，總額達40兆日圓。所增加的購買資產對象和分配如下：

長天期公債：約0.5兆日圓

短期國庫券：約1.0兆日圓

CP等：約1.5兆日圓

公司債等：約1.5兆日圓

ETF：約0.45兆日圓（需事先取得認購同意）

J-REIT：約0.05兆日圓（同上）

●2011年8月4日

　資產相關的購買準備金，再由原來的約40兆日圓提高到約50兆日圓，增加了約10兆日圓。所增加的資產購買對象及配置如下：

長天期公債：約2兆日圓

短期國庫券：約1.5兆日圓

CP等：約0.1兆日圓

公司債等：約0.9兆日圓

ETF：約0.5兆日圓（需事先取得認購同意）

J-REIT：約0.01兆日圓（同上）

6個月期的新型態操作：約5兆日圓

●2011年10月27日

　資產相關的購買準備金再由約50兆日圓提高到約55兆日圓，增加了約5兆日圓。所增加的購買資產對象為長天期公債。

⑬ 導入「中長期物價穩定目標」

　2012年2月14日的金融政策決策會議決定了「中長期物價穩定目標」的導入。對於中長期的物價穩定目標的決策，日銀認為，同期比的消費者物價指數漲幅基本上不會超過2%，所以設定了「1%的漲幅目標」。

⑭ 持續加強「廣泛的貨幣寬鬆政策」

　金融政策決策會議持續推動了以下的「廣泛的貨幣寬鬆政策」：

●2012年2月14日

　資產相關的購買準備金再度由約55兆日圓增加到約65兆日圓，增額約為10兆日圓。增加部分的購買對象也是長天期公債。

●2012年4月27日

針對資產相關的購買準備金，達成以下決議：

（1）將資產相關的購買準備金從約65兆日圓增加到約70兆日圓，增額約為5兆日圓。購買內容變更如下：

- 長天期公債的購買額度：增加約10兆日圓。

- ETF的購買也增加約0.2兆日圓，J-REIT的購買增加約0.01兆日圓。

- 6個月期的新型態操作，因考慮來投標的總金額經常未能達標，所以將額度減少約5兆日圓。

（2）購買對象的長天期公債從原來的「1年以上2年以下」延長至「1年以上3年以下」，主要是希望能順利大量的購買，並對長期利率也能產生有效影響。同樣地，公司債的投資也是比照辦理。

● 2012年9月19日

針對資產相關的購買準備金做出以下決定：

（1）資產相關的購買準備金從約70兆日圓增加到約80兆日圓，增加額度約為10兆日圓。增額部分所購買的對象包括短天期公債（約5兆日圓）和長天期公債（約5兆日圓）。

（2）為了可以確實執行長天期公債的購入，取消投標的利率下限（當時為：年利率0.1%）的規定。公司債的購買也是同樣比照辦理。

● 2012年10月30日

針對資產相關的購買準備金通過以下決議：

（1）資產相關的購買準備金的增額

資產相關的購買準備金由約80兆日圓增加至約91兆日圓，增加約11兆日圓。增加部分的購買對象分別如下：

長天期公債：約5兆日圓

短期國庫券：約5兆日圓

CP等：約0.1兆日圓

公司債等：約0.3兆日圓

ETF：約0.5兆日圓

J-REIT：約0.01兆日圓

（2）建立增額貸款的資金供給框架

從推動金融機構能夠更積極地放貸，和鼓勵企業和家庭也能夠輕鬆地提高資金需求的角度切入，對於金融機構的增額放貸，將全面配合並且提供長期的全額低利資金。資金供給總額也不設上限，無限量提供。

●2012年12月20日

針對資產相關的購買準備金通過以下決議：

（1）資產相關的購買基金再度增加額度

資產相關的購買準備金金額從約91兆日圓增加到約101兆日圓，增加約10兆日圓。增額部分的購買對象分別為約5兆日圓的短天期公債和約5兆日圓的長天期公債。

（2）決定「支援增額貸款的資金供給」的詳細內容

確定實施期間為至2014年3月底為止，共為期15個月。

⑮ 導入「穩定物價的目標」

堅持貨幣寬鬆政策的日銀於2013年1月22日的金融政策決策會議上，再度重申以「穩定物價」為目標，決定將消費者物價指數的年成長率目標設定為2%，並且，無限期地採取資產相關的購買方式，持續實施貨幣寬鬆政策。

同日，日本政府和日銀還針對解決通貨緊縮和積極促進經濟成長等問題發表聯合聲明，聲明中明白指出，「日銀的物價穩定成長目標為2%」，表示「在此目標下持續推行貨幣寬鬆政策，力求盡早實現脫離通貨緊縮、恢復景氣」。

⑯ 導入「量質兼備的貨幣寬鬆」

　　黑田東彥就任日銀總裁後的首次金融政策決策會議（2013年4月4日），黑田總裁親自拍板決定導入稱之為「非傳統的貨幣寬鬆政策」的「量質兼備的貨幣寬鬆政策」。目的是「希望能早日實現以2年為期的物價穩定目標」。

　　該政策的主要內容包括：①將貨幣市場調節的操作目標從無擔保隔夜拆款利率，變更為「貨幣基數」（Monetary Base）的「量」，透過每年約60至70兆日圓的增加額度進行貨幣調節。②擴大長天期公債的購買，並且延長公債年限，同時也增加ETF（指數股票型基金）和J-REIT（不動產投資信託）的購買額度（也就是所謂「質」的寬鬆）等。

　　所謂的「貨幣基數」指的是日銀直接供應在市場上的貨幣，具體而言，就是市場上的流通現金（日銀的貨幣發行數量＋貨幣的流通數量），再加上日銀的活期存款總額。

⑰「量質兼備的貨幣寬鬆」政策的擴大

　　為了避免逐漸演變成通貨緊縮再轉而惡化成為成長遲緩的風險，日銀於2014年10月31日的金融政策決策會議上決定再擴大「量質兼備的寬鬆政策」。主要內容包括：①擴大貨幣基數每年的增加金額（約60～70兆日圓→80兆日圓），②擴大長天期公債每年的購買額度（約50兆日圓→約80兆日圓），③擴大每年購買ETF和J-REIT的額度（分別約1兆日圓→約3兆日圓，約300億日圓→約900億日圓）等。

⑱「負利率的量質兼備寬鬆政策」的導入

　　為了早日落實消費者物價指數的2%成長率的物價穩定目標，日銀於2016年1月29日的金融政策決策會議上決定導入日本首次的

「負利率政策」（Negative Interest Rate Policy）（正式名稱為「附負利率的量質兼備寬鬆政策」→4.4節中後段）。日銀並表示，「將來如有必要，還會進一步降低利率」。

⑲「附長短期利率操作的量質兼備的貨幣寬鬆政策」的導入

日銀於2016年9月21日的金融政策決策會議，為了再加強貨幣寬鬆政策的推行，決定導入「附長短期利率操作的量質兼備的貨幣寬鬆政策」（→4.4節末）的新貨幣寬鬆框架。其主要內容包括：①長短利率操作（「殖利率曲線控制」），②「通膨超標承諾」（Inflation-overshooting Commitment）等。在在展現了日銀的強烈立場，承諾將持續擴大貨幣基數的政策，直到物價的穩定目標持續且超過2%的承諾（超標承諾）。

▶ 非傳統量化寬鬆政策的退場機制會是什麼？

由前面的描述我們看到了貨幣政策的發展歷程，但是，直到目前為止（2017年12月）日銀已經將非傳統量化寬鬆政策的目標（2%的通貨膨脹率）達成日程推延了6次。於是就有了一些不一樣的聲音，認為繼續實施這樣的寬鬆政策，或許已經沒什麼意義。

日銀購買的公債餘額已經超過430兆日圓，持有公債發行總額的40%以上。2010年開始購買的ETF，到2017年10月也已經持有超過20兆日圓，約占整個股票市場的3%。

於是，非傳統量化寬鬆政策的「退場機制」（Exit Mechanism）開始引起大家的擔憂。當有朝一日日銀回到貨幣政策的正常化，勢必會被迫逐步朝向縮小購買的金額，即「縮減購債」（Tapering）。

對於公債的購買，日銀已經由每年80兆日圓左右的金額，縮減到目前每年60兆日圓。但是，如果再進一步縮減購買金額，很可

能會引起市場揣測日銀開始實施貨幣緊縮政策，進而引發日圓升值和股市下跌等負面影響。

對於ETF，自2016年開始，日銀決定將每年的購買金額提高至以前的兩倍，即每年6兆日圓。所以，當TOPIX東證股價指數大幅下跌時，我們可以看到，日銀會藉由購買ETF的方式，進場護盤。如果要朝向減少購買ETF的金額，很可能會影響目前為止日銀進場購買支撐的股市，而導致股價下跌。

所以說，當非傳統量化寬鬆政策必須走向「退場」時，利率可能會上升多少？股價又會下跌多少呢？

說實話，沒有人能夠預測。這是因為像日銀這樣，這麼大規模地購買公債和股票的中央銀行，過去不曾有過。

5.2
政府發行的政府公債會影響利率走向

日本政府靠著發行公債來支撐超過稅收的財政支出。公債的種類和銷售方式是？

▶ 日本政府透過發行公債填補嚴重不足的稅收

在2.7節，我們已經解釋了公債的走勢會牽動利率的高低。日本長期以來一直處於歲出超過歲入（包括稅收和非稅收收入）的「**財政赤字**」（**Budget Deficit**）狀態。為彌補歲入的不足，日本政府必須發行公債，向市場和個人籌措資金。

每年12月[3]，日本的內閣會議就會決定隔年的國家總預算，所以，公債的發行金額也會在這個時候確定（當然，如果預算案無法順利獲得國會通過，公債也就無法發行）。隨即，也會公布「公債發行計畫」。

所謂的「公債發行計畫」其中包括：①公債發行的預定總額，②按發行年限分類的公債（例如10年期或5年期）的發行金額和發

---

3 日本的會計年度為4月1日到翌年3月31日，所以國家預算決策會議，通常會在9月下旬開始國會審議、審查和修改政府提交的預算草案，然後在12月初正式通過預算案。

行次數，③民間金融機構購買的額度（稱為「**市場內消化額度**」〔**Market Absorption**〕）等計畫。

政府新發行的公債稱為「**新發行公債**」（也稱為：新發行財源債）。2016年度的新發行公債的發行總額在經過三次修正後達到39兆346億日圓。2017年度的新發行公債總額，也是經過修正後達到35兆5,546億日圓。2018年度預算案的新發行公債總額則降至33兆6,922億日圓。

所謂新發行公債又可分為「建設公債」和「特例公債」兩種。

① **建設公債**（Construction Bonds）

為支付橋梁、道路建造等公共事業費用所發行的公債。

② **特例公債**（Special Deficit-financing Bonds，又稱為：赤字公債）

為彌補稅收不足的歲出所需而發行的公債。

但是，除了新發行公債外，還有以下種類的公債。

③ **再融資公債**（Refunding Bonds）

發行新的公債以償還即將到期的公債（也就是確保即將到期公債的償還資金，所以發行新的公債）。所以稱之為「再融資公債」。

④ **FILP公債**（Fiscal Investment and Loan Program Bonds）

FILP公債是為了籌措財政投融資特別會計帳所需資金所發行的公債。所謂的財政投融資特別會計帳，是指國家預算中有別於「一般會計」的另一個獨立管理的「特別會計」帳，用於政策金融機構、地方政府等執行政府政策所需的財政投融資的會計資金。

⑤ **重建公債**（Reconstruction Bonds）

重建公債是為了籌措日本311大地震後的修復和重建所需而發行的公債。

總結上述①~⑤項的政府公債，2017年度的發行總額經修正後高達156兆1,250億日圓。原因是，為了償還每年到期的巨額公債，當年度就發行了約108兆日圓的再融資公債。但是，再融資公債只是將到期的應償還公債交換成新的公債，延長了公債的到期期限，並不會因此增加公債的總額。

大量的發行公債勢必會造成市場需求和供給的失衡，導致公債價格下跌，長期利率上升。如此一來，也可能如下所示，對經濟產生負面的影響。

公債大量發行→公債價格下跌（殖利率上升）→貸款利率和房貸利率上升→經濟不景氣但利率卻上升

▶ 絕大部分的新發行公債都是透過「市場內消化」方式被收購

新發行公債的銷售（所謂「公債的消化」）方式大致可分為三種：「市場內消化」、「日銀買換調節」、以及「一般自然人銷售」。

首先，「市場內消化」是指透過投標方式將公債銷售給證券公司、銀行等金融機構。在2017年度的公債發行計畫，約96%的公債銷售都是透過所謂的市場內消化售出。其中，有一種稱之為「公債市場主要交易商制度（Primary Dealer System）」的投標制度，這個制度開始於2004年10月。

在此之前，如金融機構等大型的投資人會組成所謂的「政府公債承銷聯合組織」，決定各自對新發行公債的承銷比例，以防止新發行公債的滯銷。

但是，隨著公債發行金額的不斷增加，這種只針對特定買家的固

定分配方式，因為已不再適用於一再擴大的公債市場，因此已被廢止。

而所謂的公債市場主要交易商制度，則是由政府的財政大臣指定希望參與投標的大型證券公司和市場大額購買的投資人成為「公債市場的主要交易商」。

但是，主要交易商必須在所有公債投標中，承擔兩個義務：①參與投標金額至少須為發行預定金額的5%以上；（2）必須購買一定比例以上的投標金額。

其實，我們如果回頭檢視這些所謂的義務，取得主要交易商身分不但可以擁有「參加公債市場主要交易商會議的資格」，參加公債市場主要交易商會議之餘，對於公債的發行計畫也可提出意見，享有公債發行相關的一定利益。

投標的結果，包括得標金額、得標殖利率等資訊，都會公布在日本財務省的網站。

其中，平均和最低得標金額之間的差額，我們稱之為Tail（尾端之意）。Tail的數字越小，代表此次投標的狀況越是熱絡。

所以，Tail的數字大小也成為了金融市場的關注焦點。因為**新發行的10年期公債的得標結果也會影響長期利率的波動**。

假如，最後得標的最低金額遠遠低於市場原來的預期時（也就是最後的殖利率會高於預期），可以想像這個債券的標案吸引不了市場的興趣，進而可能引起市場拋售公債的意願加大，造成長期利率的上漲，而導致貸款利率和房貸利率的上升。

▶ 日銀只能購買到期公債金額範圍以內的債券

所謂的「日銀買換調節」是指日銀能以特例方式承購新發行的公債。日銀會透過公債的「買回先前出售的附買回操作」（→ 4.4

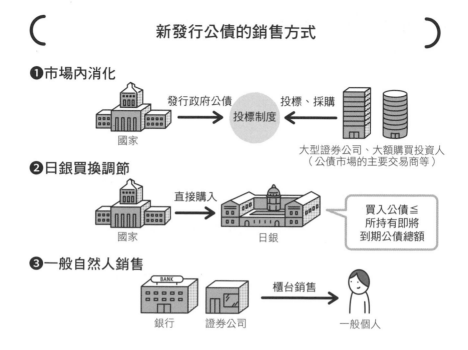

新發行公債的銷售方式

❶市場內消化

發行政府公債 →　投標制度　← 投標、採購

國家　　　　　　　　　　　　　　　　大型證券公司、大額購買投資人
　　　　　　　　　　　　　　　　　　（公債市場的主要交易商等）

❷日銀買換調節

直接購入 →

國家　　　　　　　　　　日銀

買入公債≦
所持有即將
到期公債總額

❸一般自然人銷售

BANK

銀行　證券公司 → 櫃台銷售 → 一般個人

節），從市場買回到期的公債。此時，日銀會在日銀政策委員會決議通過後，承接購入新發行的公債，但是，購入金額必須在「**即將到期公債總額**」的範圍之內。所以，日銀所持有的公債餘額並不會因此而增加。

此外，日銀還可以直接從政府購買新發行的短期國庫券（→ 2.7節）。但是，基於日本財政法第 5 條，日銀除了買新還舊的「日銀買換調節」之外，不允許購買任何的政府公債。原因是日銀（日本央行）必須負責填補政府的財政赤字。

如果發生了這種自己印鈔票自己買的情況，就沒有所謂的財政紀律（有秩序的財政政策）可言了。如果日銀為了承購政府的公債，勢必需要大量地發行貨幣，極有可能會引發「惡性通貨膨脹」（惡性升息→7.5節）。

二次大戰之前，日本政府就曾經為了籌措軍費，大量發行政府公債，當時，日銀就承購了這些公債。結果，1945年戰爭結束後直到1949年間，就發生了劇烈的通貨膨脹，零售物價指數（Retail Price Index, RPI）膨脹了高達100倍之多。

最後，針對**一般自然人的銷售方式**是指一般個人可以在銀行或是證券公司的櫃台購買政府的公債。銷售的櫃台通常會標示：「個人公債」和「新窗口販售」兩種。

5.3

機構投資人透過巨額交易影響市場走勢

專業債券交易員激烈競爭的債券市場是日本最大的金融市場，交易量一度曾超過1京日圓。

▶ 債券市場是日本最大的金融市場

金融市場中所謂的「機構投資人」係指銀行、保險公司、地方團體系統（如信用合作社、農會等）等金融機構，其對於對長期利率有很大影響的「債券市場」的投資，一向都非常積極與活躍。

然而，這些金融機構之所以購入債券，原因大致可分以下兩種：

- 購入債券後長期持有
- 債券交易員透過債券交易的反覆操作，取得獲利

由於債券的品項眾多，發行條件也各有差異，相對複雜，因此，無法像股票市場那樣，將交易集中在交易市場上進行雙方的委託買賣。所以，債券的買賣雙方直接交易的「店頭交易」便成了交易方式的主流。據說，目前99%的交易都屬於這樣的「店頭交易」。

債券市場（即長期利率）每日的交易水位，並不會像股票或是外匯市場，每日晚間七點的NHK新聞都會播報。對一般人來說，應

機構投資人與債券市場的關係

銀行　　　保險公司　　地方團體系統的金融機構

積極的資金操作

債券市場
年度總交易額高達1京日圓

決定了利率

該是一個非常不熟悉的市場。

但事實上，2014和2015會計年度的年度交易總額，包括附買回和賣回條件的現貨、期貨交易已超過1京日圓。1京日圓就是1萬兆日圓。所以說，債券市場應該是**日本最大的金融市場**。

2016會計年度的交易總額為9,284兆日圓，雖然沒有超過1京日圓，但仍然是該年度日本國家總預算100兆2,220億日圓（經3次追加修正後的總額）的90倍之多。可見該市場的交易額有多大。

造成如此鉅額的交易量，其實應該歸因於以下的背景：

• 公債的巨量發行（公債發行餘額→2.7節圖表）。

• 債券附買回市場和債券的現貨、期貨市場不斷地擴大（公開市場

→ 2.4節）。

• 日本國內主要的機構投資人將「相對風險較小、可以確保穩定收益的債券」作為投資的核心。

▶ 外國的投機資金也是影響債券市場波動的因素之一

然而，影響債券市場波動的並不只有日本國內的參與者們。

首先，各國的央行因為外匯存底的投資運用，也會購買日本的公債。還有，外國「**投機客**」（短期內頻繁進出追求獲利的投資人）在債券的期貨交易，也可能大量賣出債券（希望藉由巨量的掛單賣出，引發價格下跌等操作），以此來推動市場的價格變動。

近年來，被稱為「商品交易顧問」（Commodity Trading Advisors, CTA）的海外基金（從客戶處收取大量資金進行投資的資金管理投資人），也經常會根據自己的操作計畫進行大量的交易，而影響市場的波動。

▶ 日本政府公債期貨交易，市占排名第一的是外國投資人

日本的債券市場經常被詬病，以公債持有比率來看，「外國投資人只占了不過10%」。然而，殊不知這只是公債現貨交易市場（現貨、期貨→3.4節）的情況。

事實上，外國投資人主要的戰場其實是在期貨交易。期貨交易才是足以影響整個債券市場的主角。

這一點從大阪交易所債券期貨的統計數據就可以清楚地看出。以2016年的年度交易額來看，外國投資人的交易就占了49.9%，排名第一。而日本國內券商（自營商和委託交易總計）占45.8%，排名第二。

5.4

也很有影響力的企業的資金需求與銀行融資

企業的資金需求和銀行的放貸利率其實是一個相互關聯的關係

▶ 日本企業的資金需求持續低迷

正如4.2節所說明，當經濟景氣好轉時，企業比較會將資金投入新的設備投資和新事業的開發，這會導致資金需求的增加，進而造成利率的上升。

相反地，當經濟不景氣時，企業不會輕易動用資金，因此對資金的需求就會減少，從而導致利率的下降。

以下的圖表顯示近年來企業的資金供需狀況。

一般來說，家戶部門資金充裕時，政府和企業法人部門通常會有資金不足的現象。但是，1998年以後的企業法人部門也呈現資金充裕的狀態。

日本經濟在1990年代之前，因為泡沫經濟的景氣擴張，企業的資金需求很大，所以一直存在著資金短缺的狀態。製造業者想要增加生產力、零售業不斷地想要擴展店鋪數量，所以有大量的資金需求。

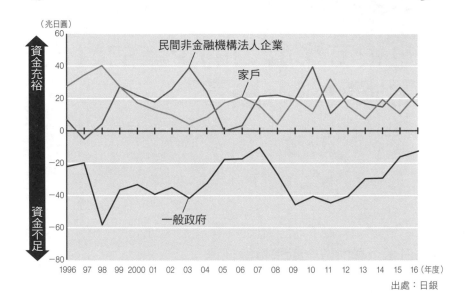

家戶、企業、政府的資金供需狀況

（兆日圓）

資金充裕

資金不足

民間非金融機構法人企業

家戶

一般政府

1996 97 98 99 2000 01 02 03 04 05 06 07 08 09 10 11 12 13 14 15 16（年度）

出處：日銀

　　但是，自1990年的泡沫經濟破滅之後，日本經濟急轉直下，一蹶不振。自1990年代後期至2000年代初期，企業的資金需求還是持續大幅地下降。

　　主要原因在於，許多遭受泡沫經濟破滅之苦的企業，重新評估了自己的過度投資和負債（債務），優先償還借款，減少設備投資，盡量將資金轉換為公司的自有資金（也就是公司所持有的現金）。

　　到了2002年左右，日本經濟開始出現景氣復甦的跡象，企業的資金需求也逐漸增加。但是，還不到資金短缺的程度。

　　接著，2008年後半，美國和歐洲爆發金融危機，影響了全球經濟，全球景氣再度陷入惡化。日本當然也不能倖免，企業業績急遽下滑，由於當時債券和商業票據市場功能停滯不前，一度造成銀行資金需求的暴增。

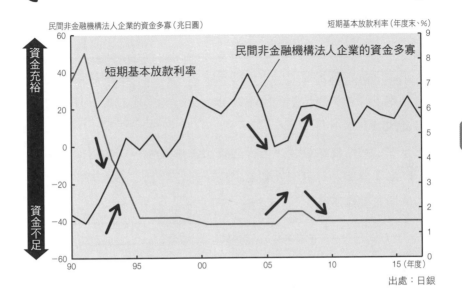

企業的資金狀況與基本放款利率的關係

民間非金融機構法人企業的資金多寡（兆日圓）　　　　　　短期基本放款利率（年度末、%）

資金充裕

資金不足

短期基本放款利率

民間非金融機構法人企業的資金多寡

出處：日銀

　　直至2017年12月的現在，日本經濟仍是復甦乏力，包括美國在內的其他各國經濟情況也不甚明朗。企業對設備投資和業務擴展仍然保持著謹慎的態度。

▶ 企業的資金需求和銀行的放貸利率其實是密切相關的

　　上圖就是企業的資金需求和銀行放款利率的基準——也就是短期放款利率之間的關係。大致上，兩者就是呈現以下的逆相關關係。

• 企業的資金短缺（資金需求增加）＝銀行的放款利率上升
• 企業的資金過剩（資金需求減少）＝銀行的放款利率下降

　　由此，我們可以得知，企業的資金需求和銀行的放款利率基本上

就是密切相關的。

此外，企業資金需求的增減也會影響銀行的資金需求，進而影響短期的貨幣市場，最終影響日銀的利率調整。其流程如下：

- 企業的資金需求增加→銀行的資金需求增加→形成貨幣市場的利率上漲壓力→日銀的利率上升→銀行的調度成本上升→銀行的放款利率上升
- 企業的資金需求減少→銀行的資金需求減少→形成貨幣市場的利率下跌壓力→日銀的利率下降→銀行的調度成本下降→銀行的放款利率下降

▶ 銀行的財務狀況健全與否也會影響利率

銀行本身的財務狀況健全與否也會影響銀行本身的資金調度成本，進而影響放款和存款的利率。例如，1990 年代後半，日本的金融機構在倫敦和紐約等海外市場籌措美元等外幣資金時，因為無法以當地（歐美）銀行的交易利率借款，所以被收取了高額的額外利率。這種附加的額外利率當時就被稱為「日本溢價」（**Japan Premium**）。

當時，由於日本的銀行擁有大量的不良債權（無法回收的放款），信用評等下降，因此，只能以比當地銀行更高的利率貸款。

在這種情況下，銀行的外幣調度成本上升，同時也對銀行的經營造成壓力，直接成為對日本企業放款的利率上升的因素。

因此，銀行的財務狀況健全與否同樣也會對各種利率產生一定的影響。

5.5

個人資金的投資動向至關重要

擁有 1,800 兆日圓資產的個人，如果改變了投資標的，長期來看也會對長期利率產生一定影響。

▶ 個人是銀行非常重要的資金提供來源

根據 5.4 節的圖表顯示，企業、政府、家戶（包含個人）三者之中，其中「家戶單位」所擁有的儲蓄最多。

以個人而言，我們會透過存款、繳納勞保年金和保險費用等方式，向金融市場提供資金，尤其是個人存款更是銀行最重要的資金調度來源。

根據日銀的統計，個人所擁有的金融資產總額，截至 2017 年 12 月底約達 1,845 兆日圓（見下圖）。而這裡所指的金融資產包括現金、存款、股票、債券和投資的信託基金等等，但是不包括不動產等的實體資產。

在這 1,845 兆日圓的金融資產之中，現金和存款約占 51.1%，是最多的部分。相比之下，美國在 2017 年 3 月底的比例僅為 13.4%，日本約為美國的 3.8 倍。相反地，股票、債券、投資的信託基金等的比例，日本（16.3%）僅僅是美國（46.8%）的三分之一，比率上

低了許多，這是因為**日本人在選擇金融商品時，比起獲利更注重投資的安全性。**

在之前的章節，我們也說明了何謂高報酬高風險的投資，雖然也會期待能有較高的報酬，但是，較高的報酬很可能也會造成原始資金（→ 1.2 節）的損失，這樣的金融商品就被稱為「**風險資產**」（**Risk Assets**），例如股票、信託基金、外幣存款等都是風險資產。相較於美國，日本人至今對於投資風險資產還是比較猶豫。

但是，由於長久以來的超低利率，日本慢慢地開始有較多的人尋求更有效益的投資機會。例如，針對個人的公司債銷售量的增加就是一個明顯的證據。

2008 年後半爆發了全球性的金融危機，日本和全球股市大幅下跌，日本民眾對股票和信託基金等的投資同樣也大受打擊。

但是，在這之後，個人投資人又再度燃起信心，開始投資風險資產。例如，以中國、巴西、印度和俄羅斯等新興經濟體（又稱為新興國家）為標的的信託基金投資，在當時的銷售金額呈現大增的狀況。

▶ 金融資產的流向也會對利率產生影響

個人金融資產的動向對利率的影響也非常大。

例如，在景氣低迷時，與其將錢放在銀行，不如投資擁有固定利率的債券可能更為有利。因此，可能就會有許多人將資金從存款移轉到債券市場。

如此一來，就容易帶動債券價格的上漲，殖利率也就隨之下降。如果這樣的趨勢越來越強烈，那麼長期利率自然也會跟著下降。

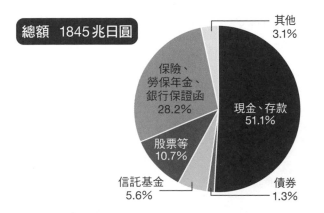

個人金融資產的分布狀況

總額　1845兆日圓

其他
3.1%

保險、
勞保年金、
銀行保證函
28.2%

現金、存款
51.1%

股票等
10.7%

信託基金
5.6%

債券
1.3%

出處：日銀
※2017年9月末資料

> 景氣惡化→個人轉向債券的投資增加→債券價格上漲、殖利率下跌→長期利率下跌

此外，如果景氣復甦的趨勢變得強勁，多數的人會將資金移轉至相對期待獲利可以更高的股票或股票型基金等資產，而非債券。

這時，債券很可能被拋售並造成債券價格下跌、殖利率上漲。當這種趨勢越來越強烈時，長期利率也就會跟著上升。

> 景氣復甦→個人資產從債券離場→債券價格下跌、殖利率上升→長期利率上升

順便一提，如果要將個人資金的投資運用做一個風險情境的模擬，個人資金從日本撤離的「資本外逃」（Capital Flight）」可能性（→7.6節末）應該會是個值得關注的主題。雖然日本的政府公債餘

額不斷地增加，但是在日本央行大量收購的狀況下，日本國內公債的消化危機暫時不太可能發生。然而，這樣激進的政策結果可能導致日本公債或日圓的貨幣信賴度下降，在負面意義上增加了日圓大幅貶值的風險。

Part 6

探索世界各國的中央銀行與政策利率

6.1
美國聯準會（Fed）對世界經濟的影響巨大

聯準會是美國貨幣政策的主導者。聯準會主席主持的會議所決定的貨幣政策，更是全世界關注的焦點。

▶ 美國的中央銀行由Fed和12個地區聯邦準備銀行所組成

美國的中央銀行稱為「Fed」（Federal Reserve Board），翻譯為「聯邦準備理事會」，簡稱為聯準會。但是在日本，習慣採用首字母大寫而稱之為「FRB」，而美國及世界其他各國通常使用「Fed」來稱呼美國的央行。

Fed成立於1913年，比1882年成立的日本銀行（BOJ）晚了31年。美國央行成立較晚，主要是因為美國是一個「聯邦制」的國家。所謂的聯邦制是一種分權的國家體制，地方政府各自擁有強大的權力，而中央政府則是統合了這些地方政府成為統一國家的代表。

在聯邦政府的體制下，各個地區政府之間存在著利益衝突的問題也是常有，譬如，設立一個貨幣政策統一的中央銀行就曾遭到地方政府的長期反對。

但是，由於經歷了多次經濟恐慌和景氣衰退，地方政府對於「建立中央銀行對於穩定金融體系至關重要」的認知日益增強，Fed於

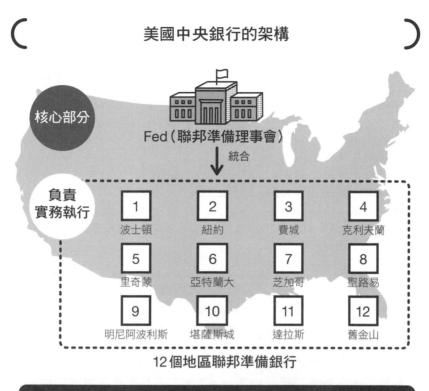

美國中央銀行的架構

核心部分

Fed（聯邦準備理事會）

↓ 統合

**負責
實務執行**

1 波士頓	2 紐約	3 費城	4 克利夫蘭
5 里奇蒙	6 亞特蘭大	7 芝加哥	8 聖路易
9 明尼阿波利斯	10 堪薩斯城	11 達拉斯	12 舊金山

12個地區聯邦準備銀行

整個系統就稱為「聯邦準備制度」（FRS）

是應運而生。

順帶一提，世界上第一家中央銀行是1668年成立的瑞典國家銀行（瑞典語：Riksbank），比日本銀行足足早了200年以上。

如前所述，日本稱美國的中央銀行為「FRB」，但是，如果要更精確地說，美國的中央銀行完整的架構應該是「**聯邦準備制度**」（FRS, Federal Reserve System）。

所謂的FRS是由核心部分的Fed和實際執行央行業務的12個「**地區聯邦準備銀行**」所組成。

12個地區聯邦準備銀行分別為：①波士頓（Boston）、②紐約

（New York）、③費城（Philadelphia）、④克利夫蘭（Cleveland）、⑤里奇蒙（Richmond）、⑥亞特蘭大（Atlanta）、⑦芝加哥（Chicago）、⑧聖路易（St. Louis）、⑨明尼阿波利斯（Minneapolis）、⑩堪薩斯城（Kansas City）、⑪達拉斯（Dallas）、⑫舊金山（San Francisco）。其中，舊金山聯邦準備銀行雖然距離遙遠，但是管轄地區還包括阿拉斯加州和夏威夷州。

▶ 金融危機期間Fed採取的政策

聯邦準備理事會目前共有理事7名，並從理事中選出主席1名和副主席2名。2018年2月，Fed主席由經濟學家出身的首位女性主席葉倫（Janet Yellen）交棒給了鮑爾（Jerome Powell）。

Fed最重要的2大任務就是「穩定物價」和「擴大就業」。其中「擴大就業」指的是，Fed在不至於導致景氣過熱、造成過度通膨的程度下，透過貨幣政策，盡最大的限度去增加美國國內的就業。

相比之下，歐洲央行（ECB→6.2節）等其他許多國家的中央銀行僅就「物價穩定」的責任，在法律上有明確規定。

Fed的權限主要包含以下兩項：

① 決定基本放款利率和存款準備金利率

所謂的「**基本放款利率**」（**Prime Credit Interest Rate**）就是體質較為健全的金融機構的放款利率，也就是美國版的「官方貼現率」。2008年7月，美國的基本放款利率就曾經來到6.25%，但是，隨後為了因應金融危機所帶來的衝擊，自8月開始與主要政策利率的「聯邦基金利率」（Federal Fund Rate）連動，逐步大幅降息至0.5%。但是，2010年2月起，因為金融危機的因應措施解除，美國又開始回到了貨幣政策的常軌，又開始逐步調高基本放款利率，

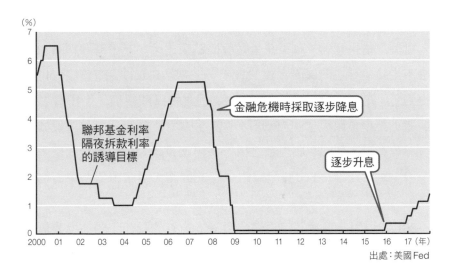

美國政策利率的走勢

(%)

金融危機時採取逐步降息

聯邦基金利率
隔夜拆款利率
的誘導目標

逐步升息

2000 01 02 03 04 05 06 07 08 09 10 11 12 13 14 15 16 17 (年)

出處：美國Fed

2017年12月基本放款利率又回到2.0%水準。

　所謂「存款準備金利率」是指各地區的聯邦準備銀行接受民間金融機構存放的活期存款，所應支付的利率。除了法定的準備金制度（→4.4節）所規定的存款之外，即使是超過規定的超額部分（超額準備金）也都會納入計息。這個利率曾一度大幅下調至0.25%，但隨後又逐步上調至1.5%（2017年12月）。

② 銀行以外的緊急資金調度

　根據聯邦準備法第13條，聯邦準備制度可以提供證券公司、個人等緊急的資金貸款。在上述的金融危機時，這個政策實際上也發揮了作用。

　美國Fed在面對金融危機、恢復景氣和金融體系的過程中，充分運用了應有的權限，採取各種「非傳統的貨幣政策」（指的是有別

於一般傳統僅是運用利率調整政策的策略）。其中影響最大的當屬「量化寬鬆」（**Quantitative Easing**，簡稱為QE）政策，這是透過購買公債和房貸擔保證券等方式向貨幣市場注入大量資金的政策。

這個「量化寬鬆」政策在金融危機結束之後，為了緊盯經濟和金融市場持續存在的風險，總共實施了三次，Fed的資產負債表也膨脹到了4兆5,000億美元。而且，為了維持這個規模，聯準會繼續採取「再投資政策」，也就是聯準會手中所持有的公債和房貸擔保證券等資產，到期回收現金之後，又再次投入公債和房貸擔保證券市場，目的在維持Fed資產負債規模的同時，繼續影響債券市場的政策。

2017年9月，負責制定貨幣政策基本方針的聯邦公開市場委員會（Federal Open Market Committee, FOMC）決定同年10月開始逐步縮小再投資政策，也就是縮小聯準會的資產負債表。透過緩慢降低再投資的金額，希望對於債券市場的影響可以降至最低。

▶ 政策利率為聯邦基金利率

美國主要的政策利率就是稱之為「**聯邦基金利率**」（**Federal Fund Rate, FF Rate**）的隔夜拆款利率的誘導目標利率（誘導→2.6節）。金融危機時，聯邦基金利率曾經調降至0%～0.25%之間（日本媒體將之形容為實質的零利率）。2015年12月開始又逐步上調，截至2017年12月，聯邦基金利率又回到了1.25%～1.5%的區間（正常時期的目標應該是精確到2.0%的利率水準）。

聯邦基金利率又是什麼呢？

加入美國聯邦準備制度（FRS）的民間金融機構，有義務必須將一定比率的存款資金存入所在地區的聯邦準備銀行（稱為：存款準備金）。當這些存款準備金有不足或超過時，成員銀行之間彼此可

聯邦基金利率（FF Rate）的基本架構

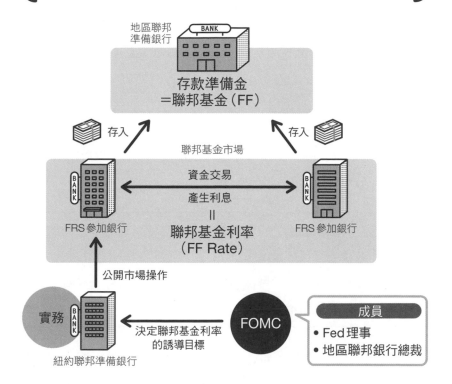

地區聯邦
準備銀行

BANK

存款準備金
＝聯邦基金（FF）

存入

聯邦基金市場

存入

資金交易

產生利息
＝
聯邦基金利率
（FF Rate）

FRS 參加銀行

FRS 參加銀行

公開市場操作

實務

BANK

決定聯邦基金利率
的誘導目標

紐約聯邦準備銀行

FOMC

成員

• Fed 理事
• 地區聯邦銀行總裁

進行資金的調度交易。

　　這個資金調度的交易市場就稱為「**聯邦基金市場**」（Federal Fund Market, FF Market），調度交易所產生的利率就稱為「聯邦基金利率」。

　　通常情況下，聯邦基金利率的基本走勢會呈現以下波動：

> • 美國經濟惡化 → 資金需求減少 → 聯邦基金利率下降
> • 美國經濟改善 → 資金需求增加 → 聯邦基金利率上升

決定聯邦基金利率（FF Rate）的誘導目標和參與討論並決定美國貨幣政策基本方針的主角就是「**聯邦公開市場委員會**」（**Federal Open Market Committee，簡稱為FOMC**）。

FOMC主要由Fed的理事和12個地區聯邦準備銀行總裁所組成。除了決定政策利率等具體貨幣政策外，還會編制每個季度的景氣和利率的前景預測。

其中，紐約聯邦準備銀行作為地區聯邦準備銀行的代表，會在聯邦基金市場進行公開市場操作（提供或吸收資金），以誘導聯邦基金利率達到FOMC設定的目標水準。

- 聯邦基金利率明顯高於目標利率→向市場提供資金→誘導聯邦基金利率拉近至目標水準
- 聯邦基金利率明顯低於目標利率→從市場收回資金→誘導聯邦基金利率拉近至目標水準

Fed主席同樣也應擔任FOMC主席，副主席則由紐約聯邦準備銀行總裁擔任。由**FOMC所制定的美國貨幣政策，不僅對美國經濟，乃至全球經濟都有極大的影響，因此FOMC的動向始終受到全球的關注。**

FOMC於會議結束後會發布一份「聲明文」（Statement），闡述FOMC對經濟和物價狀況的看法、風險評估以及當前貨幣政策的運作方針。即使發表的政策沒有變化，市場的投資人也會密切關注聲明文的內容是否有任何暗示或提示。

此外，FOMC的簡要會議紀錄（Minutes）會在三週後公布，而詳細的會議內容（Transcript），則是在五年之後公開。

▶ 採用美元固定匯率制的國家所受影響較大

美國的貨幣政策對全球的經濟有著重大的影響，原因在於：①美國是全球最大的經濟體，②貨物和資金的流通中心，③美元是全球的關鍵貨幣。

美國聯準會（Fed）貨幣政策的變動，基於各種的猜測以及實際政策的變化，不僅僅對美國的短期利率、長期利率、股市和匯率產生影響，甚至擴及到全球。所以說，Fed的決定不僅影響美國，還包含日本在內的全球經濟。因此，Fed也常被稱為是「世界的中央銀行」。

全球採用「美元固定匯率制」（Dollar-pegged System）的國家和地區（例如中國特別行政區的香港和沙烏地阿拉伯地區等）受到Fed貨幣政策的影響更是直接。

所謂的「美元固定匯率制」是將美元和自己本國貨幣的匯率固定住的制度，優點是即使是較弱勢的貨幣也可以維持外匯市場的穩定。但是，採用美元固定匯率制的國家或地區勢必要將自己國家的貨幣政策與美國保持一致，政策利率也要如機械般與美國產生連動。

因此，2008年後半，美國經濟因為次級房貸風暴引發了景氣的急遽惡化，美國聯準會就將聯邦基金利率調降至接近0%的水準，此時，美元固定匯率制國家的政策利率也不得不跟著連動，大幅下降。

例如，香港政策利率的「基準利率」2017年12月時為1.75%。這種超低利率並不符合當時香港的經濟狀況，導致房地產投資過熱，出現了價格非常昂貴的房價，而引起廣泛討論，擔心會產生不動產泡沫化。所以，就有人開始擔心這種跟隨美國聯準會連動的機械性升息政策，未來遲早會導致房地產的崩潰。

6.2

歐元區的貨幣政策由歐洲央行（ECB）統一負責

歐洲央行負責統一管理歐洲貨幣聯盟參與國家的貨幣政策，
但希臘債務危機的爆發也使其弱點盡顯於世。

▶ 歐洲央行（ECB）最重視的是物價穩定

所謂的「歐元區」（Eurozone），就是在歐洲聯盟（European
Union, EU，簡稱歐盟）之中，符合條件並參與歐洲貨幣統合、採
用統一貨幣「歐元」（Euro）為自己國家貨幣的國家所組成的區
域。

歐盟的形成目的主要是希望避免重蹈二次世界大戰的歷史悲劇，
促進歐洲的政治和經濟一體化。

而在歐元區執行貨幣政策的中央銀行為「歐洲中央銀行」
（European Central Bank, ECB），成立於1998年，總部設在德國法
蘭克福。

歐元於1999年問世，現金流通是從2002年開始。加入貨幣統合
的國家委託ECB制定貨幣政策，原本就存在的各國中央銀行，則
負責實際執行ECB理事會決定的貨幣政策。

ECB繼承了德國聯邦銀行（德國的央行）濃厚的「鷹派」傳統，

將「穩定物價」視為最重要的責任。

所謂的鷹派，是指對於通貨膨脹應防範於未然，並強烈主張升息的一方。與之相對的則稱為鴿派。**ECB即是比較傾向積極的升息政策，對於降息則持比較消極的態度。**但是，美國的房地產泡沫破滅後引爆經濟危機時，也曾經因為升息速度過於倉促而導致失敗，加上時任總裁德拉吉（Mario Draghi）是義大利人、副總裁康士坦希奧（Vitor Constancio）是葡萄牙人，兩人皆屬於鴿派陣營。在這樣的情況下，**堅守傳統鷹派的德國理事和德國央行總裁的發言就顯得相當微弱。**

截至2017年12月，歐元區的參與國共19國，包括德國、法國、義大利、比利時、荷蘭、盧森堡、西班牙、葡萄牙、芬蘭、奧地利、愛爾蘭、希臘、斯洛維尼亞、馬爾他、賽普勒斯、斯洛伐克、愛沙尼亞、拉托維亞、立陶宛等國[1]。

雖然未來還有可能逐步增加參與貨幣統合的國家，但是，加入的參與國還是必須滿足財政狀況等多個條件。此外，像丹麥雖然是歐盟的成員國，但因為公民投票的否決，所以並未加入歐元的貨幣統合，還是持續使用自己國家的貨幣（克朗，DKK）。

▶「南方派」僅剩兩人，領導高層出現失衡的人事調整

歐洲央行的貨幣政策，由歐洲央行總部任職的6名委員會成員（包括1名總裁、1名副總裁和4名執行董事），以及19個參加貨幣統合國家的央行總裁共25人組成的「**理事會**」所決定。但是，因為參加的成員國逐漸增加，隨著立陶宛的加入之後，歐洲央行的成員國就超過了18個。所以，自2015年1月起，歐洲央行的投票方

1　克羅埃西亞已於2023年1月加入歐元區，成為第20國。

式就改為部分國家沒有投票權的輪流投票制。

　　負責決定貨幣政策的歐洲央行理事會，每年定期舉行的會議，近年也跟隨著世界的潮流，次數也比以前少，目前每年定期召開八次會議。會議結束之後，會由總裁召開記者招待會，發表會議議事要點。

　　2010年2月的定期會議結束之後，便發表將於同年5月底任期結束的歐洲央行副總裁巴帕德莫斯（Lucas Papademos，希臘人），將由葡萄牙央行總裁康士坦希奧接任。

　　一直以來，外界總是認為，歐洲央行高層人事的安排始終是以南北歐平衡的方式產生。也就是，如果副總裁來自歐洲「南方」的國家，那麼「下一任的總裁便是來自歐洲北方的國家」。但是，2011年10月底，任期屆滿的法國特里謝（Jean-Claude Trichet）的下任總裁人選，並不是由「北方」大國的德國聯邦銀行總裁出任，而是由「南方」的義大利德拉吉接任，這樣的慣例儼然已經不再存在。其中，很可能是因為像處理美國次級房貸這樣的金融風暴、金融商品證券化對歐洲金融機構造成的巨大衝擊、以及希臘債務危機持續惡化等狀況，都顯示鷹派人士已經不再適任。但是，據報導德國仍在努力，期望2019年能接替德拉吉成為下一任歐洲央行總裁[2]。

▶ 利率波動控制在一定範圍之內

　　「附買回利率」（**Repurchase Rate, Repo Rate**）是歐洲央行（ECB）的政策利率的主角。所謂的附買回利率，是指ECB以債券現貨交易（→2.4節的④）的形式，提供給民間金融機構資金所使用的基準利率。ECB會在理事會議中決定附買回利率，並透過公開市場操

2　2019年11月，法國的拉加德（Christine Lagarde）出任歐洲央行總裁。

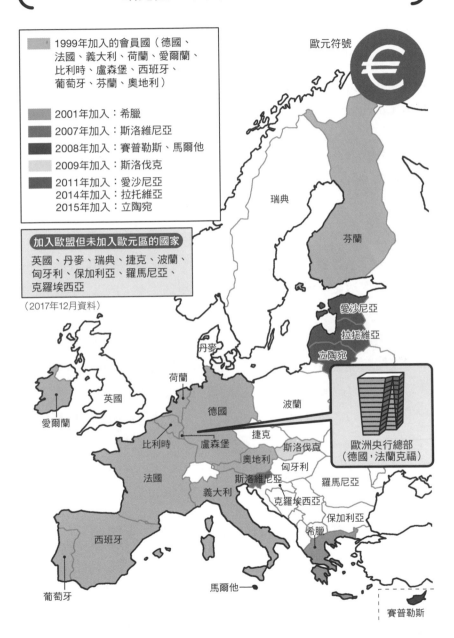

歐元區19國（2017年12月）

1999年加入的會員國（德國、法國、義大利、荷蘭、愛爾蘭、比利時、盧森堡、西班牙、葡萄牙、芬蘭、奧地利）

2001年加入：希臘

2007年加入：斯洛維尼亞

2008年加入：賽普勒斯、馬爾他

2009年加入：斯洛伐克

2011年加入：愛沙尼亞
2014年加入：拉托維亞
2015年加入：立陶宛

加入歐盟但未加入歐元區的國家
英國、丹麥、瑞典、捷克、波蘭、匈牙利、保加利亞、羅馬尼亞、克羅埃西亞

（2017年12月資料）

歐元符號

瑞典

芬蘭

愛沙尼亞

拉托維亞

立陶宛

丹麥

荷蘭

英國

愛爾蘭

德國

波蘭

比利時

盧森堡

捷克

斯洛伐克

奧地利

匈牙利

羅馬尼亞

法國

斯洛維尼亞

克羅埃西亞

義大利

保加利亞

希臘

西班牙

葡萄牙

馬爾他

賽普勒斯

歐洲央行總部
（德國，法蘭克福）

作誘導利率達到決定的附買回利率水準。2017年12月時，ECB的附買回利率為0.0%。

此外，ECB會透過民間金融機構回存於ECB的存款利率、以及民間金融機構向ECB貸款的利率，設定以下的利率區間，並使**貨幣市場的隔夜拆款利率波動，保持在所謂「利率走廊」**（**Interest Rate Corridor**）的一定範圍之內。

- 中央銀行存款利率＝-0.40% → 隔夜拆款利率的下限
- 借貸上限利率＝0.25% → 隔夜拆款利率的上限

目前（2017年12月）歐元區的隔夜拆款利率一直處於負利率的範圍。那是因為在實務上，歐洲央行認為設定為利率下限的中央銀行存款利率遠比政策利率的附買回利率更為重要。所以，未來如果歐洲央行開始升息，負利率的縮小幅度將會是關注的焦點。

歐洲央行在面對希臘可能退出歐元區的各種猜測以及對歐元本身的存續問題等，利用調降利率之類的傳統貨幣政策已經完全無法因應以上的嚴重危機，所以，傳統的貨幣政策之外更加上了貨幣寬鬆政策。這樣的「非傳統的貨幣政策」，除了執行上述的短期利率的**「負利率政策」**之外，並且大量地購買歐元區各國的政府公債，執行市場大量資金抱注的**「量化寬鬆」**政策，對於未來的貨幣政策實施，也將遵循各項口頭承諾的「前瞻指引」。

▶ 將歐元區統一在一個貨幣政策之下實在太困難

歐元區存在以下問題：
- 歐元區內各國有各國不同的經濟結構和經濟狀況。
- 財政政策的運作由各國政府決定。

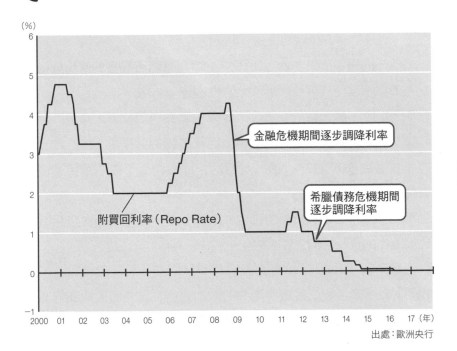

歐元區的政策利率走勢

(%)

金融危機期間逐步調降利率

附買回利率（Repo Rate）

希臘債務危機期間
逐步調降利率

2000 01 02 03 04 05 06 07 08 09 10 11 12 13 14 15 16 17（年）

出處：歐洲央行

　　基於上述兩點，我們可以知道歐元區各國的景氣和物價都存在著很大的差異，但是，央行和政策利率卻只能有一個。

　　例如，對德國而言，訂出的政策利率過低，但對於愛爾蘭或西班牙等國家來說，可能就是正好適合的利率水準。

　　2000年代後半，景氣蓬勃發展的愛爾蘭，原本應該利用加息來遏止過熱的經濟。但是，實際上政策利率全由歐洲央行控制，為了反映當時經濟大國德國和法國的不景氣，因此讓利率一直保持在較低的水準。低利率的結果是，愛爾蘭出現了房地產投機熱潮，不動產泡沫迅速膨脹，最終導致泡沫破滅，經濟急遽下滑。

　　相反地，以目前的情況來看，德國的經濟非常好，因為擔心未來

會出現房地產泡沫，所以德國政府希望可以實行財政緊縮政策。但是，考慮到法國和義大利等國的經濟復甦進展緩慢，歐洲央行還是遲遲無法執行升息政策。

當然，問題還不只如此。2010年上半年**希臘所暴發的債務危機**，在在都顯示歐洲貨幣統一政策上的根本矛盾之處。

如上所述，歐元區的貨幣政策統一由歐洲央行控制，但是，財政政策基本上是歐元區各國的主權項目。各國的義務是「將財政赤字控制在名目GDP的3%以內」，但是，即使違反了這些義務，也沒有任何制裁措施。

總之，基本上歐洲貨幣的統合採取的就是「**相信各國會負起財政政策運作的責任」的「性善說」**。

但是，就在2009年10月希臘政權交接之前，希臘政府隱瞞了巨額的財政赤字，提交了數據造假的歐盟報告。當希臘的欺瞞行為被揭露之後，歐元區的「性善說」就完全瓦解了。

當時，失去國家信用的希臘政府公債價格急跌，希臘失去了可以透過公開市場發行公債的籌資手段，財政頓時陷入危機狀態，需要歐元區和國際貨幣基金（International Monetary Fund, IMF）提供大量的資金援助。

現在，這些危機雖然已經解除，但值得注意的是，歐元區的結構問題還是沒有得到解決。目前，主要是由德國和法國主導，尋求各種的改善措施。

6.3

英國央行BOE面臨「脫歐」問題舉步維艱

一直沒有採用歐元而執行自己的貨幣政策的英國，公民投票的結果，決定退出歐盟。這項公投結果使得英國央行想達到原本設定的通貨膨脹目標，變得更加困難。

▶ 英國央行的貨幣政策以2%通貨膨脹為目標

儘管英國是歐盟的成員國，但是，卻沒有導入歐元，一直以英國自己的英鎊為本位貨幣。2016年6月的公投，結果以非常些微的票數差距決定**退出歐盟（Brexit）**。作為國際金融中心的英國，金融地位同時也受到了嚴重的影響。脫歐後的關稅制定等等的經濟問題都將取決於脫歐後的談判，導致企業的設備投資和家庭消費支出因為很難定調而趨緩。另一方面，由於脫歐問題導致英鎊貶值。也因為進口商品價格的上漲，消費者物價指數加速上升，遠遠超出原來設定的2%目標水準。因而，導致個人薪資下滑，嚴重影響了個人消費。

英國的中央銀行正式名稱為**「英格蘭銀行」（Bank of England, BOE）**，成立於1694年。但是，二戰之後長期以來一直都是財政部的附屬機構，並未獨立執行貨幣政策。

1997年英國推行了金融大改革，將貨幣政策的決定權從財政部轉

公投結果，僅以些微差距英國決定脫歐

贊成脫歐	1,741萬742票（約52%）
不贊成脫歐	1,614萬1,241票（約48%）

移到央行BOE，終於使其成為一個獨立機構。

BOE自1992年10月以來，一直採用「通膨目標」政策，也就是政府透過所設定的通貨膨脹率目標（目前為2%）來制定貨幣政策。如果實際的通膨乖離超過目標的1%以上時，BOE總裁有義務向財政首長提出公開報告，說明乖離的原因。

英國的主要政策利率則是所謂的「基準利率」（Bank Rate）。2017年12月的基準利率為0.5%。決定「脫歐」後，為了防止經濟惡化，於2016年8月調降至0.25%。但是，2017年11月再次調升利率到原來的0.5%。所謂的「基準利率」即是指一般金融機構向中央銀行拆借時所適用的利率。

同樣也面臨2008年世界金融危機的英國，記取了日本泡沫經濟破滅後的經濟不振及通貨緊縮的教訓，也透過大量購買政府公債、提供市場大量資金的「**量化寬鬆**」政策（資產購入計畫）來因應所面臨的危機，購債的規模也是不斷擴大，截至2017年12月已經來

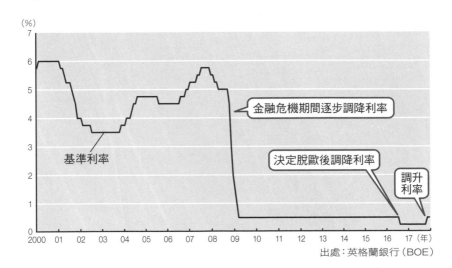

英國的政策利率走勢

(%)

基準利率

金融危機期間逐步調降利率

決定脫歐後調降利率

調升利率

2000 01 02 03 04 05 06 07 08 09 10 11 12 13 14 15 16 17 (年)

出處：英格蘭銀行（BOE）

到了4,350億英鎊。為了維持這樣的規模，也只能持續地從市場購入公債。

英國的貨幣政策決策單位為「**貨幣政策委員會**」（**Monetary Policy Committee, MPC**）。委員會的成員有：BOE總裁1名、2名副總裁、2名BOE理事和4名外聘委員（外聘委員由財政部任命）共9人組成。現任總裁為卡尼（Mark Joseph Carney），因曾任加拿大央行總裁頗有政績，因此受聘成為英國央行總裁[3]。

MPC每年召開8次會議，政策決策採用簡單多數決的方式。包括BOE總裁在內，每位委員都擁有1票投票權。因此，過去也曾經有總裁的提案被否決的狀況。

貨幣政策委員會（MPC）結束後（通常是星期四），會同時公布

---

3 英國央行總裁2020年時由貝利（Andrew Bailey）繼任。

有關結果的聲明文件以及MPC的會議摘要（會議記錄）。這樣迅速的對外發表速度著實令人十分驚訝。此外，英國央行每季還會公布「通膨報告書」。

6.4

永久中立國瑞士的貨幣政策由瑞士國家銀行（SNB）負責執行

瑞士央行的政策利率，由於擔憂瑞士法郎的升值導致經濟惡化和物價下跌，已經下探至負值。

▶ 政策利率每季公布一次

　　瑞士位於歐洲中央，是一「永久中立國家」。除了政治上保持中立，經濟上也保持中立，因此並未加入歐盟（EU）或歐元區。和未加入歐元區的英國一樣，瑞士也有自己的貨幣政策。

　　瑞士的中央銀行為「**瑞士國家銀行**」（**Swiss National Bank, SNB**），成立於1907年。

　　SNB的貨幣政策也像歐洲央行一樣，重視「物價穩定」。物價穩定的定義則是「通貨膨脹率低於2%」。目的是使消費者物價指數（去年同期比）保持低於2%的水準。

　　主要的政策利率則是設定以瑞士法郎計價的**3個月期的倫敦銀行同業拆款利率（LIBOR）**為誘導的目標區間。

　　誘導的目標利率會在每季的政策會議上決定，並揭示於會議之後公布的「貨幣政策評估」。目前，誘導的目標區間為−1.25%至−0.25%，並將主要目標設定為−0.75%左右（2017年12月）。

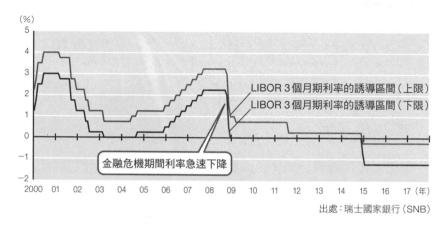

瑞士的政策利率走勢

(%)

LIBOR 3個月期利率的誘導區間（上限）

LIBOR 3個月期利率的誘導區間（下限）

金融危機期間利率急速下降

2000 01 02 03 04 05 06 07 08 09 10 11 12 13 14 15 16 17 (年)

出處：瑞士國家銀行（SNB）

　　瑞士的政策利率特點是，相對於鄰近的歐元區，設定較低的利率。主要是為了防止大幅的「瑞士法郎升值、歐元貶值」現象發生。瑞士國家銀行（SNB）過去曾經為了阻止通縮的嚴重惡化，設定了瑞士法郎對歐元的匯率上限，並在外匯市場進行「賣出瑞士法郎、買入歐元」的匯率干預。

　　瑞士法郎升值，對瑞士的經濟和物價所帶來的負面影響甚大。瑞士經濟主要仰賴出口，尤其是對歐盟的出口，因此被稱為「出口依存型」經濟。當瑞士法郎升值時，國內企業的獲利就會減少，經濟可能陷入低迷。此外，瑞士法郎升值也會使得進口商品價格下降，國內產品的競爭力也會隨之降低，進一步引發價格下跌和通縮的風險。

　　另外，瑞士政策利率所依據的LIBOR也將於2021年底廢止。因此，SNB正在考慮採用基準利率來替代LIBOR。

6.5

負責調控加拿大利率的加拿大央行（BOC）

加拿大是個信用評價很高的國家，透過北美自由貿易協定與鄰國的美國經濟有著非常緊密的關係。加拿大央行的貨幣政策會把加幣與美元間的匯率納入考量。

▶ 政策利率攸關與美國之間的利率差異

由於加拿大的政治穩定，財政和金融系統狀況良好，長期的經濟成長前景也很不錯。加拿大在主權（公債）評級機構S&P（→4.10節）的評級中一直都是最高評等的「AAA」等級。加拿大的中央銀行是「加拿大銀行」（**Bank of Canada, BOC**），成立於1935年，貨幣政策也是以「物價穩定」為重。BOC的目標是將消費者物價指數（去年同期比）維持在「中心值為2%上下範圍1～3%」之內。而且，加拿大央行（BOC）有一個特點就是，**其貨幣政策通常會參考與美國的利率差之後再做出決定**。

原因是，美國是加拿大最大的出口國，約占加拿大出口總額的四分之三，加拿大的經濟受到美國經濟很大的影響。

此外，加拿大也是一個以油砂為主的石油生產及出口國，加拿大的加幣與原油價格也是高度連動。

加拿大的主要政策利率是以「隔夜拆款利率」（**Overnight Rate**，

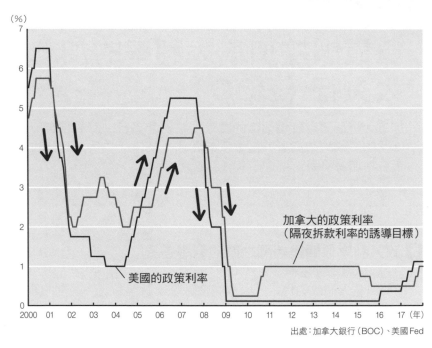

加拿大的政策利率幾乎與美國連動

(%)

美國的政策利率

加拿大的政策利率
（隔夜拆款利率的誘導目標）

2000 01 02 03 04 05 06 07 08 09 10 11 12 13 14 15 16 17 (年)

出處：加拿大銀行（BOC）、美國Fed

貨幣市場上當日借款、隔日還款的利率）為誘導目標。

　　2008年美國房地產泡沫引發的全球金融危機爆發後，加拿大隔夜
拆款利率的誘導目標於2009年4月下調至0.25%。之後，根據持續
觀察經濟穩定的程度，隔夜拆款利率也逐步上調，於2010年6月達
到1.0%。但是2015年，由於原油價格急跌，對資源國家的加拿大
造成非常嚴重打擊，加拿大央行不得不實施兩次的利率調降政策，
導致誘導利率目標下降至0.5%。2017年，隔夜拆款利率再度調升
兩次，回升至1.0%（2017年12月）。

6.6

澳洲儲備銀行（RBA）和
紐西蘭儲備銀行（RBNZ）

相較於日美歐等各地，大洋洲這兩國的中央銀行政策利率水準較高。

▶ 有強項也有弱點的澳洲

澳洲的中央銀行是「**澳洲儲備銀行**」（**Reserve Bank of Australia, RBA**）。最早的前身成立於1911年，並於1959年成為澳洲的中央銀行。

RBA現在的貨幣政策是將消費者物價指數的平均年成長率控制在2%至3%之間的目標。

澳洲的主要政策利率稱之為「**現金利率**」（**Cash rate**），也就是金融機構向中央銀行貸款時所適用的基準利率。

政策利率由「**理事會**」（每年1月除外，每月召開一次）決定，2017年12月的政策為1.50%。

澳洲儲備銀行（RBA）自2009年10月以來，已經進行了7次升息。直到2010年11月為止，儘管此時距離金融危機也沒有很久，但是，澳洲卻比其他歐美國家更早開始升息。

澳洲之所以可以很快升息的原因，有以下兩點：

①澳洲因為接受移民和高出生率（自然成長）的原因，人口呈現穩定成長，國內需求強勁。

②以中國等亞洲國家為主要出口對象的鐵礦砂、煤炭等出口不斷擴大。

關於①，澳洲自1991年以來，已經連續26年未發生經濟衰退（所謂經濟衰退，是指連續兩個季度呈現負成長）。即使天然資源價格暴跌，出口和資本設備投資惡化，但就人口而言，國內需求依然強勁，為經濟提供了很好的支撐。

至於②，當天然資源價格上漲時，自然成為澳洲的優勢，但是，近年來天然資源的價格頻頻下跌，也成為澳洲的劣勢。因此，自2011年11月至2016年8月之間，RBA就已實施了12次降息，目的就在刺激經濟和物價。

▶ 曾是高利率國家代表的紐西蘭

紐西蘭的出口當中，有超過四成是來自乳製品、肉類、木材等產品的出口。最大的貿易夥伴從前是澳洲，現在已被中國取代，無論進口或是出口均約占紐西蘭進出口總額的2成。

紐西蘭的中央銀行為「**紐西蘭儲備銀行**」（**Reserve Bank of New Zealand, RBNZ**），成立於1934年。

RBNZ採用的貨幣政策是以消費者物價指數平均年成長率達1～3%的「通貨膨脹目標」為目標。主要的政策利率稱為「**官方現金利率**」（**Official Cash Rate, OCR**），就是一般金融機構向中央銀行貸款時的適用利率。

RBNZ每6週，一年8次會對政策利率進行重新檢討。在2017年12月，紐西蘭的政策利率還維持在1.75%。2007年7月至2008年7

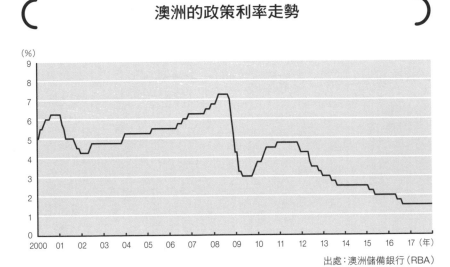

澳洲的政策利率走勢

(%)

出處：澳洲儲備銀行（RBA）

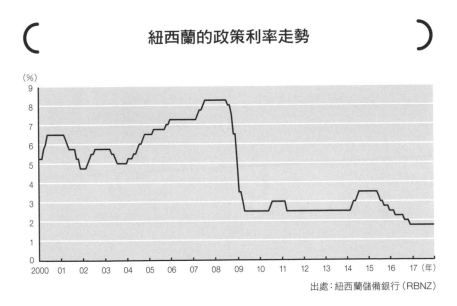

紐西蘭的政策利率走勢

(%)

出處：紐西蘭儲備銀行（RBNZ）

月間，政策利率還曾經達到非常高的8.25%水準。當時，由於紐西蘭幣屬於高利率貨幣，吸引了許多日本資金湧入。但是，之後紐西蘭也同樣經歷了由美國所引發的全球經濟衰退和金融危機，紐西蘭的政策利率也下跌至與他國無異的1%水準。

6.7

影響 BRICs 金磚四國利率的四家中央銀行

新興經濟體大國的巴西、俄羅斯、印度和中國這四個國家的政策利率，比先進國家都來得高。

▶ 隨著物價穩定，積極實施降息的巴西中央銀行

接下來，我們將介紹在新興經濟體中，經濟規模最大的BRICS五國（Brazil, Russia, India, China, and South Africa）當中除了南非之外的四個國家的中央銀行。

巴西的中央銀行稱為「巴西中央銀行」（**Central Bank of Brazil**），成立於1964年。簡稱為「COPOM」的「貨幣政策委員會」定期召開會議，並決定政策利率。

巴西主要的政策利率是稱為「**SELIC**」（葡萄牙語：Sistema Especial de Liquidação e de Custódia）的「隔夜利率」，是指銀行同業之間以公債為擔保品的拆款利率。

2008年下半年以來，因為受到全球金融危機和經濟衰退的波及，巴西自2009年1月開始實施利率調降政策。政策利率從當時的13.75%調降到該年下半年的8.75%。此後，從2010年4月起又開始升息，並於2011年8月反轉為降息，波動非常的劇烈。近來，巴西

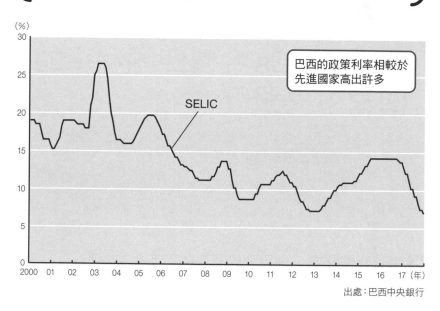

巴西政策利率的走勢

(%)

巴西的政策利率相較於
先進國家高出許多

SELIC

出處：巴西中央銀行

中央銀行關注的巴西幣雷亞爾（Brazilian Reais）升值和通貨膨脹率趨於穩定的情況下，積極地進行調降利率，以刺激經濟。截至2017年12月，SELIC已經調降到7.0%的水準。

▶ 逐步採取降息政策的俄羅斯聯邦中央銀行

俄羅斯的中央銀行是「**俄羅斯聯邦中央銀行**」（**The Central Bank of Russian Federation**），成立於1990年。以前主要的政策利率是「**再融資利率**」（**Refinancing Rate**，央行向民間金融機構提供貸款時的利率），但是，自2013年9月起變更為「**1週期回購利率**」（**1Week REPO**）。

順帶一提，1993年10月，俄羅斯的盧布暴跌，通貨膨脹率加劇，政策利率曾一度調漲至210%。

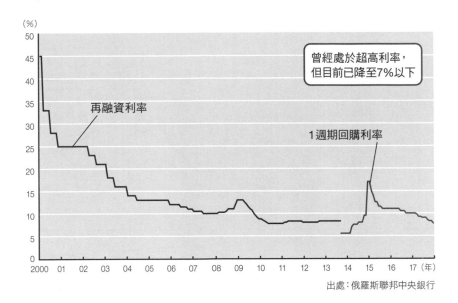

俄羅斯的政策利率走勢

(%)

曾經處於超高利率，
但目前已降至7%以下

再融資利率

1週期回購利率

2000 01 02 03 04 05 06 07 08 09 10 11 12 13 14 15 16 17 (年)

出處：俄羅斯聯邦中央銀行

近年來，俄羅斯聯邦中央銀行對於影響俄羅斯經濟走勢較大的原油和天然氣價格以及盧布匯率等，採取密切關注的態度，並根據物價穩定的程度逐步調降利率。截至2017年12月，1週期回購利率已經調降至7.75%。

▶ 印度儲備銀行採行英國式的貨幣政策委員會（MPC）制度

印度的中央銀行為「印度儲備銀行」（**Reserve Bank of India, RBI**），成立於1935年。RBI的貨幣政策目標主要是關注經濟成長的同時維持物價穩定。政策決策由MPC負責執行，委員會成員總共六人，其中包括RBI的總裁和副總裁三人。MPC每年至少必須召開四次會議。

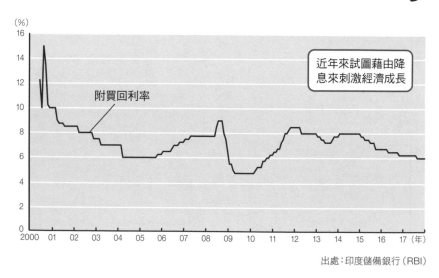

印度政策利率的走勢

(%)

近年來試圖藉由降
息來刺激經濟成長

附買回利率

2000 01 02 03 04 05 06 07 08 09 10 11 12 13 14 15 16 17 (年)

出處：印度儲備銀行（RBI）

　　主要政策利率有兩種，分別是「附買回利率」（Repo Rate）和
「逆回購利率」（Reverse Repo Rate）。附買回利率是中央銀行向民
間金融機構提供貸款時的適用利率，逆回購利率則是中央銀行吸收
民間金融機構資金時所使用的利率。

　　與巴西和俄羅斯一樣，印度央行也是力求物價穩定，同時試圖透
過降低利率來刺激經濟成長。2014年底時高達8.0%的附買回利
率，截至2017年12月降低了200個基點（2%）來到6.0%，逆回購
利率為5.75%。

▶ 附屬於共產黨政府的中國人民銀行

　　中國的中央銀行是「中國人民銀行」（People's Bank of China,
PBOC），成立於1948年。中國的中央銀行並不是一個獨立的機
構，而是遵循中國共產黨和中國政府（國務院）所制定的營運方

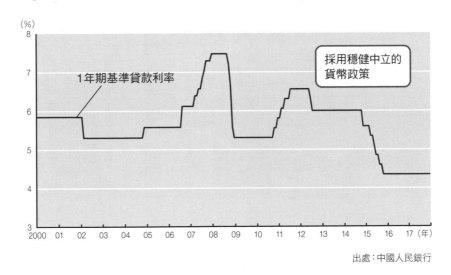

中國政策利率的走勢

(%)

圖表標示：1年期基準貸款利率

採用穩健中立的
貨幣政策

2000 01 02 03 04 05 06 07 08 09 10 11 12 13 14 15 16 17 (年)

出處：中國人民銀行

針，執行中國的貨幣政策。

中國的「**貨幣政策委員會**」每季召開一次會議，但與日本、美國等國家不同的是，中國的「貨幣政策委員會」僅僅是一個諮詢機構，會議上只是交換意見，而不是決定政策利率。

中國人民銀行會定期公布各種期別的貸款利率和存款利率。其中，被視為主要政策利率的是「**1年期基準貸款利率**」，截至2017年12月所公布的利率為4.35%。

中國人民銀行透過調整貸款和存款的基準利率、存款準備金利率、以及貨幣市場的公開市場操作等手段來實施政策調控。此外，中國人民銀行在外匯市場也會進行強力的干預，因此，中國人民銀行每天會提供匯率的基準價格，對於人民幣兌換美元的匯率，只能容忍在2%上下範圍之內的波動。

此外，2002年12月以來一直擔任中國人民銀行行長的周小川先

生，可能將於2018年春季的全國人民代表大會（全代會）卸任，
其後的繼任者也備受關注[4]。

4　中國人民銀行的行長，2018年由易綱接任，2023年7月由潘功勝接任。

Part 7

解讀利率波動的概念和技巧

7.1

專業人士如何預測利率走勢？

短期利率與日銀的貨幣政策有關，長期利率則與名目GDP的成長率息息相關。

▶ 三個步驟建構預測情境

不僅限於利率，為了正確預測經濟和金融市場的趨勢，一般需要採取以下三個步驟：

①情報收集 → ②篩選 → ③建構情境

之後，不斷地反覆執行這三個步驟，評估自己所建構「預測情境」的精準度，必要時還要隨時修正調整，並且，堅持不間斷地反覆演練。

①～③步驟的操作如下：

① 情報收集

最好的方法，當然是盡可能廣泛地收集資訊。首先，可以參考國內外各大報紙、路透社、彭博社等國際媒體的新聞，以及國內外政府機構所發布的資料。還有，包括社群媒體在內的網路上的大量資訊。

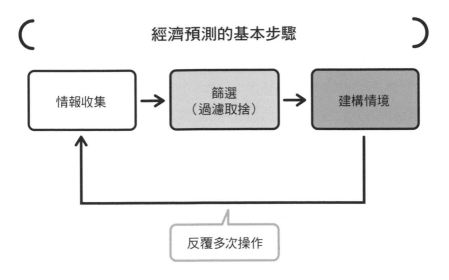

經濟預測的基本步驟

情報收集 → 篩選（過濾取捨） → 建構情境

反覆多次操作

　　但是也不可以盲目地收集資訊，因為龐大的訊息量往往難以整理，甚至變得難以掌握。此外，所收集的資訊也可能存在錯誤的資料、可信度低和具有誤導性的資訊混雜的風險，因此需要執行下一步的篩選（過濾資料）工作。

② 篩選

　　根據重要性對資訊進行挑選和分類。這是一個類似過濾的過程，因此稱為篩選。資訊的重要與否取決於當時的經濟和市場狀況等因素，所以，這是一項需要累積經驗的工作。

③ 建構情境

　　將篩選後的資訊拼湊組合成一個「預測情境」。在此過程中，為了整理思路，必須將債券市場利率相關的「景氣」、「物價」、「貨幣政策」、「財政政策」、「供需」等5個要素（切入點）時時放在腦海。其中，所謂的「供需」，於債券市場是指公債的供給和需求，於短期的貨幣市場則是指資金的供需狀況。

▶ 觀察名目GDP可以預測長期利率走勢

以下，我們來談談關於利率預測的要點。

但是，在討論之前必須要注意的是，目前隨著日銀的非傳統量化寬鬆政策的延長，日本的債券市場已經失去了健全的市場功能，因此一般的利率決定方法已經不再適用。

① 短期利率

日本的短期利率主要是由日銀的貨幣政策所決定。因此，短期的貨幣市場有時也被稱為「日銀的後花園」。

② 長期利率

一般來說，長期利率會受到以下3個因素影響：

• **預期實質成長率**（預期的實質GDP成長率）
• **預期通貨膨脹率**（預期的消費者物價指數成長率）
• **風險貼水**（因應債券價格可能產生的波動風險、或是財政政策等可能造成的相關風險等，所增加的利率）

我們先說明一下長期利率為何會由上述三個因素所決定。

首先，從經濟學的角度來看，「預期實質成長率＋預期通貨膨脹率＝預期名目成長率」。預期名目成長率就是包含了物價上漲率的未來經濟成長率的預期值。

由此可以看出，如果暫時不考慮第三點的「風險貼水」，如果要預測長期利率的趨勢，只需要關注「名目GDP」（包括物價變動在內的國內生產毛額）的未來發展即可。

上圖所顯示的是日本名目GDP的成長率（與前一年相比）的走勢。1996年，寫下了與前一年比成長了2.4%的紀錄之後，成長率就大幅滑落到2%以下的水準，而且長期處於低迷狀態。從1998年

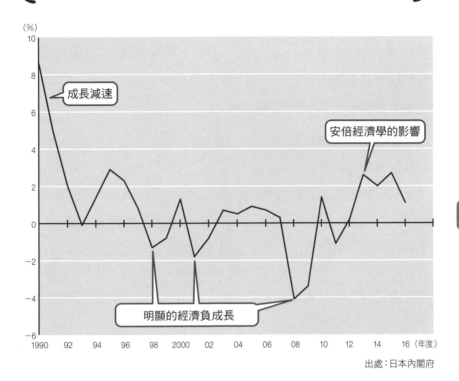

日本名目GDP成長率的走勢

(%)

成長減速

安倍經濟學的影響

明顯的經濟負成長

出處：日本內閣府

至2011年的14年間，更有7年是處於負成長狀態。之後，在全球經濟擺脫危機並出現景氣好轉的情況下，再加上「安倍經濟學」的幫助，2013至2015年這3年，都有2～3%的成長（其中2014年因為消費稅調升導致物價上漲的特殊因素，造成數字的上升）。但是，到了2016年成長率又再次放緩，降至1%左右。

雖然日本政府對日本的經濟抱持樂觀的預測，但是，預測未來10年內，日本的名目GDP成長率還是不太可能超過2%。在4.2節末，我們曾經提到長期利率的代表指標「10年期公債殖利率」，一直很難突破「2%的高牆」的狀況。其中最主要的原因是名目GDP

的成長率一直未能持續超過2%。

那麼，長期利率要持續超過2%以上，需要什麼呢？

答案是日本經濟必須擺脫通貨緊縮，而且名目GDP的成長率必須能夠長期保持超過2%的前景。但是，長期來看，政府至今仍無法提出一套有效的對策以因應「少子化」與「人口老化」所導致的經濟下滑問題，因此很難樂觀其成。

目前為止，我們都是在排除風險貼水因素的情況下，在討論日本利率上升的可能性。

但是，由於日本長期慢性「**財政赤字**」的結果導致了「**政府負債累累**」，所以，日本存在導致大幅風險貼水的可能因素。雖然，目前還看不出會有什麼情況發生，但是，如果日本央行的非傳統量化寬鬆政策迎來「退場」時刻及債券市場的正常化時，表現不佳的日本財政狀況可能會成為風險貼水擴大的素材，導致長期利率的大幅攀升（→7.5節）。

正如筆者在「自序」中所述，2013年4月，日銀開始實施所謂的「量質兼備的貨幣寬鬆政策」（即非傳統的貨幣寬鬆政策），並於2016年2月導入了負利率，同年9月更調整了貨幣寬鬆框架，採用「附長短期利率操作的量質兼備貨幣寬鬆政策」之外，同時導入「殖利率曲線控制」的操作。在這樣的操作之下，像債券市場等的日圓利率市場漲跌邏輯，大多已經不再適用了。

這是因為，**債券市場原本應該具備的價格功能（價格發現，Price Discovery）的機制，幾乎已經不存在了。**

目前的情況就是，市場已經很難透過先行指標「殖利率曲線」的型態變化，預測市場未來的走勢，以及在財政紀律寬鬆的政策之下，也無法透過超長天期公債風險貼水的擴大、提高利率等方式，

對政府發出警告的功能（即所謂的「自我監督」功能）也沒有了。

　　現在的債券市場，後面章節會說明的重要經濟指標（→7.3節），原本應該是市場交易的重要資訊，實際上現在已經幾乎不用了。目前可以成為重要參考指標的應該僅限於：前一天美國和德國的長期利率和匯率走勢，以及日本財務省（相當於台灣的財政部）的公債招標結果和日銀頻繁進行收購長天期公債的不同年限債券所反映的供需狀況罷了。

7.2

判斷日銀貨幣政策走向的參考資料

包括金融政策決策會議的結果、可以了解日銀對經濟現況和未來看法相關的經濟預測報告、日銀總裁的記者會等，都是重要的線索。

▶ 金融政策決策會議的結果及一年4次的經濟預測備受注目

這裡，我們先說明應該如何得知日銀（日本央行）的貨幣政策走向。

日本的貨幣政策是由日銀政策委員會每年召開8次的「**金融政策決策會議**」所決定。而且，會議結束之後，會立即發布一份關於會議結果的「**當前的貨幣政策運作方針**」。

該公文文件經常是被當作速報而引起注目。內容通常會包括以下四點：

① **長短期利率操作的目標水準和資產購買方針**（執行期間以下一個會期召開前為限）

② **對目前景氣、物價和金融情勢的認知和未來預測**

③ ②的未來預測中可能的**風險因素**

④ 針對①～③的相關**貨幣政策運作方針**

除此之外，決策會議結束後，原則上，還會在下午3點半左右舉

行一場大約1小時的日銀總裁記者會。

但是，進一步的詳細訊息還必須等待一段時間。會議中所提出的「主要意見」會在會議結束後1～2週內公布，會議紀要則會在下一個會期結束後的1週內公布，各委員的發言紀錄等詳細議事紀錄則是10年後公開。

其他總結日銀對目前經濟的認知和未來的前景預測，可在10月、1月、4月和7月所公布的**《經濟和物價情勢展望報告》**（日文：《展望レポート》）中取得。

展望報告的內容，除了包含經濟（景氣）和物價的現狀認知和未來的預測外，還記錄了政策委員對以下兩個經濟指標在未來數年的預測數據。

① **實質GDP**

② **消費者物價指數（核心CPI）**

核心CPI是指消費者（日本國內的家庭單位）所購買的商品和服務的價格波動所構成的量化物價指數，是分析貨幣政策時最重要的物價指數。而日本的核心CPI會扣除因天氣因素所造成蔬果等生鮮食品價格波動的部分。

除了上述政府所公布的文件報告之外，還會有各種不同的報告、論文和統計數據。同時，日銀總裁、副總裁和審議委員所發表的演講和記者會上所發布的內容，也都值得參考。

以上資訊均會登載在日本銀行（日銀）的網站。

對於日本貨幣政策的方向，取得日銀所發布的各種資訊和分析，至為重要。

7.3

想看懂日本利率走勢，應該關注的經濟指標

曾經是重要指標的《礦工業生產指數》、《日銀短觀》、《實質GDP第一次速報》、《機械訂單》、消費者物價指數等，因目前債券市場處於異常狀態，可能已無法成為值得參考的資料。

▶ 5個經濟指標是利率走勢的判斷依據

解讀利率的走勢最重要的判斷資料是，反映景氣和物價動向的「經濟統計數據」。以下我們就針對統計數據的5個主要指標詳加說明。

① 《礦工業生產指數》（每月由日本經濟產業省發布）

「礦工業」（以製造業為主）的生產、出貨和庫存狀況指數化的指標。可從中掌握「庫存週期」的動向。所謂的「庫存週期」（**Inventory Cycle**）是指企業庫存量的增減的變化。

而且，景氣循環（→ 4.2節）與庫存週期密切相關。

• 景氣良好時

企業的出貨量增加→存貨減少→企業增加生產→加班津貼增加→消費增加、出貨量進一步增加→生產進一步增加、存貨開始增加→設備投資也增加

解讀利率走勢的5個經濟指標

❶《礦工業生產指數》（每月公布）
可了解製造業生產活動的狀況

❷《日銀短觀》（每季公布）
可了解企業對景氣的感受

❸《實質GDP第一次速報》（每季公布）
可了解日本經濟整體的概況

❹《機械訂單》（每月公布）
可了解企業的設備投資狀況

❺ 消費者物價指數（每月公布）
可了解零售階段的商品和服務價格的趨勢

・景氣不佳時

企業的出貨量減少→存貨增加→企業減少生產→加班津貼減少→消費減少、出貨量減少→生產減少、存貨開始減少→設備投資也減少

總之，礦工業的生產狀況可得出以下結論：

- 生產量與前月比增加 → 景氣好轉、可能牽動利率上升
- 生產量與前月比減少 → 景氣下滑、可能牽動利率下跌

《礦工業生產指數》（速報）發布的同時，也會公布「**製造業生產預測指數**」。製造業生產預測指數是指發表的對象月份的次月和次次月共2個月的工業生產動向預測（計畫）數字。由於是屬於速報性質的資訊，所以頗受到關注。

②《日銀短觀》（全國企業短期經濟觀測調查，由日銀每季發表）

這是日銀以日本國內企業為對象，直接進行的大規模問卷調查，調查的內容包括對景氣現況和前景的看法，以及營業額、企業獲利和設備投資計畫等數據。長期以來，這項調查一直被視為日銀貨幣政策運作的重大影響指標。但是，由於現在的日銀主張「通膨至上主義」，因此，近年來市場和媒體對此項指標的關注已大幅下降。

問卷調查的項目琳瑯滿目，但特別受到關注的是，顯示企業對景氣看法的「**業況判斷DI**」（**Diffusion Index**，擴散指數）。透過計算問卷中「良好」回答比例（％）減去「不好」回答比例（％），可以得出以下訊息：

> ● DI指標為正值，且差幅擴大 → 景氣好轉、可能牽動利率上升
> ● DI指標為負值，且幅度擴大 → 景氣下滑、可能牽動利率下跌

③《**實質GDP第一次速報**》（每季由日本內閣府發布）

這是日本國內GDP相關指數中最早公布的數字。由所公布的內容，可以知道日本整體經濟的狀況，還可延伸了解以下事項：

> ● 與前期比，數值為正值 → 景氣好轉、可能牽動利率上升
> ● 與前期比，數值為負值 → 景氣下滑、可能牽動利率下跌

但是，該指標數字的發布時間通常是該季結束後的一個半月左右，對市場而言屬於落後指標。對於資訊反應快速的金融市場，常常不被視為重要資訊（無法影響市場走勢）。此外，該指標的數值發布後，可能還會有較大的修正，這也是經常被認為問題的原因。

④《**機械訂單**》（內閣府每月公布）

這份數據是針對日本國內企業的設備投資統計，內容涵蓋企業向

機械製造商所發送的訂單金額等相關統計數據。所蒐集的資料是關於除了船舶和電力設備之外,其他必要設備機械的基礎數據。因為數據資料通常會早於企業的實際設備投資約3～6個月,因此被視為經濟的先行指標而受到關注。從機械訂單的狀況,我們可以獲得以下資訊:

> • 與前月比,數值為正值 → 景氣好轉、可能牽動利率上升
> • 與前月比,數值為負值 → 景氣下滑、可能牽動利率下跌

但是,在收集統計數據的過程中,有時會遇到特定產業或企業在某個月份下了大筆訂單,導致該月份的數字出現異常大增。然而在隨後的月份,數字立即出現反轉現象,導致與前一個月相比,數字出現大幅減少的情況。因此,對於此項統計,我們不應只侷限於關注單個月份的數據。

⑤ 消費者物價指數(CPI,由總務省每月公布)

消費者物價指數是將消費者所購買的商品和服務之價格波動,計算轉化為數據指數的重要指標,也是用於掌握物價走勢的重要數據。雖然有許多不同類別的物價指數,但目前最具代表性的有「綜合CPI」、「不含生鮮食品CPI」(簡稱:核心CPI)、「不含生鮮食品和能源CPI」(簡稱:核心核心CPI)、「不含食品(但酒類除外)和能源CPI」等四個指標。

透過消費者物價指數的波動,我們可以得知以下的訊息:

> • 與去年同月比,數值為正值 → 物價上漲、可能牽動利率上升
> • 與去年同月比,數值為負值 → 物價下跌、可能牽動利率下跌

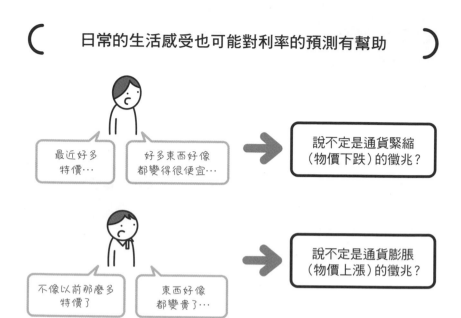

日常的生活感受也可能對利率的預測有幫助

最近好多
特價…

好多東西好像
都變得很便宜…

→ 說不定是通貨緊縮
（物價下跌）的徵兆？

不像以前那麼多
特價了

東西好像
都變貴了…

→ 說不定是通貨膨脹
（物價上漲）的徵兆？

　　金融市場和媒體通常都會特別關注核心CPI的數據。但是，因為核心CPI包括了能源的數據，如果遇到原油價格急漲，導致汽油、燃油和電費等暫時性的大幅上漲時，核心CPI數據的年成長率也會一下子暴漲，這也是統計上的一個難處。因此，為了更準確地了解物價的基本走勢，我們會更注重不包含能源的核心核心CPI。

　　最後，我們每天日常所感受到的「**生活感受**」實際上也很重要。這是因為消費者物價指數所顯示的物價狀況其實並不完全，例如不包括特價商品等。在日常生活中，如果你感覺到「超市的特價品變多了」或「食品和服飾價格持續下跌」，這很可能是個人消費不振和通貨緊縮（物價下跌）的徵兆。在這種情況下，市場利率也極有可能會下降。

7.4

日本的利率為何低於歐美？

相較於歐美國家，日本對未來經濟成長率和物價上漲率的預期較低。因此，對於未來長期利率的預估也不會出現大幅上升。

▶ 與美國相比，日本的長期利率偏低

歐美各國的主要政策利率，在2008年下半全球金融危機爆發之後，都降至與日本相差無幾的超低利率。

之後，隨著景氣的復甦美國曾進行了多次升息，但歐洲各國的短期利率仍然維持著與日本相差不多的低利率。

但是，反觀長期利率，就存在比較大的差異。例如，10年期公債殖利率，日本目前的目標是大約「幾近為零」，相對地，德國大約為0.4%，法國約為0.7%，英國約為1.1%，美國則來到約2.4%（2017年12月）。

造成以上利率差距的根本原因是，相對於歐美，**日本預期日本未來的名目GDP成長率還是會很低**。

日本深陷於內需不足和供給過剩的通貨緊縮結構之中，一直以來總是無法擺脫這樣的通縮結構，因此長期利率不可避免地只能一直維持在很低的水準。

日本、美國的10年期公債殖利率走勢

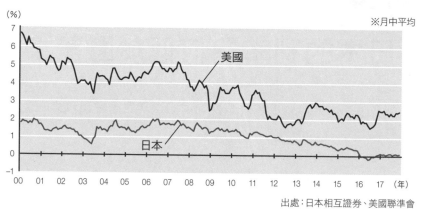

(%)　　　　　　　　　　　　　　　　　　　　　　　　　※月中平均

出處：日本相互證券、美國聯準會

▶ 低利率反映日本經濟現況

有時經常會從身邊的長者聽到這樣的聲音：「日銀應該盡快恢復正常的利率水準」、「接近0%的存款利率太不正常了。」

確實，對於那些仰賴退休年金或長期儲蓄生活的人來說，超低利率是一個非常困難的情況。希望利率能稍微上升一點是理所當然的。

但是，如果日銀強行創造脫離現實經濟狀況的高利率水準，那才會對經濟造成重大的傷害（同時也必須考慮匯率方面日圓升值美元貶值的可能性）。

自從1995年7月日銀實施短期利率誘導政策，將無擔保隔夜拆款利率壓低至幾近0%以來，這個指標利率已持續超過22年維持在幾近0%以下了（2017年底時為負利率）。

我們應該明白，這並不是利率水準異常，而是顯示日本經濟實力已經變得非常薄弱，導致幾近0%以下的利率居然可以持續22年以上。

7.5

如果發生「惡性升息」，
對經濟可能造成什麼影響？

儘管景氣低迷，但如果因為財政情況惡化導致公債的大量拋售，那將是非常危險的事。

▶ 景氣擴張所形成的升息是「良性的利率上升」

都是利率上升，卻有「良性的利率上升」和「惡性的利率上升」之分。

在4.2節我們曾經提過，市場利率具有防止經濟過熱的功能。例如，當經濟繁榮時，企業和個人的資金需求增加，此時就會產生「良性的利率上升」。**良性的利率上升可以在不破壞經濟復甦的情況下，巧妙地抑制經濟過熱，一邊推動利率的上升。**

假如，完全沒有出現「良性的利率上升」時，那經濟又會怎樣呢？這是指即使經濟已經充分復甦，但是中央銀行卻沒有調高政策利率的情況。

低利率不適合繁榮的景氣，因為會引發過度的設備投資、個人的過度消費和投機熱潮，**結果導致景氣過熱，並容易造成通貨膨脹。**

1989年的日本曾經迎來了景氣的高峰，但卻於1990年景氣的泡沫一下子破滅，就是這種狀況。日本泡沫經濟的產生和擴大的原因

是，1986年左右日銀開始實施寬鬆的貨幣政策，導致低利率的長期化。例如，1987年2月的官方貼現率（→2.9節）為2.5%，這樣的利率在當時是非常罕見的低利率。

結果，日本經濟出現了資金過剩現象，過剩的資金不斷地投資在土地、股票等領域，造成物價迅速攀升並且形成了泡沫。由此可見，自然的利率上升必須是來自景氣好轉的過程。

▶ 非景氣相關的因素所造成的升息即是「惡性的利率上升」

另一方面，有時即使景氣不好，利率仍然不斷地上升，這就是所謂「惡性的利率上升」。在這種情況下，長期利率會因為景氣和物價以外的因素而上升。例如，當國家財政情況急遽惡化，並且必須加發大量的政府公債，就是一個典型的例子。

從景氣和物價狀況來看，並沒有可以促使利率大幅上漲的理由。但是，如果日本的財政情況不斷惡化，國家債務在未來無法償還，甚至有債務違約的風險時，國內外投資人可能會紛紛拋售手中持有的日本公債。在這種情況下，就可能會出現以下的狀況：

> 公債大量被拋售 → 公債價格暴跌（即公債殖利率急升）

如果風險貼水急遽擴大，出現「除非財務省提供更高的利率，否則沒有人會購買日本公債」的情況，那麼利率上升的速度可能會更進一步加快。

如果長期利率透過這種途徑大幅上升，股價也將大幅下跌，對日本經濟的不良影響將變得更加嚴峻。

2010年春，陷入財政危機的希臘，就是出現了這種典型的「惡性利率上升」（希臘危機→3.3節末）。

良性的利率上升與惡性的利率上升

| 良性 | 景氣好轉 | → | 景氣過熱 | → | 穩定成長 |

調高利率
導致利率上升

| 惡性 | 景氣低迷 | → | 財政狀況惡化 大量加發公債 | → | 景氣大受打擊 |

公債大量拋售
導致利率上升

在危機爆發前夕，希臘的經濟景氣低迷，財政赤字擴大至名目 GDP的13.6%（2009年），投資人對該市場完全失去了信心。

接下來，由於國家信用評等遭到降級，希臘公債大量被拋售，希臘10年期公債殖利率一度急升到10%以上。

希臘的財政危機並非是一個獨特的案例。根據2016年的數據，以公債和地方債等政府債務相對於GDP的比例，希臘為181%，而日本的比例竟高達239%。事實上，**日本才是先進國家中最嚴重的負債大國**。

在本書的7.8節，我們將介紹幾乎已經毫無功能，以致完全無法引發「惡性利率上升」的日本債券市場現況。

7.6

日本經濟面臨「三重貶值」的風險有多大？

目前看來，日本要同時發生股市下跌、日圓貶值以及債券價格下跌（長期利率上升）的「三重貶值」的風險仍然相對較小。

▶ 股票、日圓和債券都被拋售導致價值下跌的「三重貶值」

在日本，有一部分人認為日本經濟可能即將面臨「三重貶值」的困境，而且很難脫困。

所謂的「三重貶值」是指「股價下跌」、「外匯市場朝向日圓貶值」以及「債券價格下跌」（長期利率上升）同時發生的狀況。

這種情況下，股票、日圓和債券都被拋售，大量投資資金從日本撤出，對市場會產生非常不利的影響。由於長期利率的上升與經濟景氣無關，所以就形成了所謂的「惡性利率上升」。像這樣一時的「三重貶值」現象，絕對會吸引媒體的大幅報導。

不過，筆者認為這並不是一個需要大驚小怪的猜測。原因是，股市和匯市的「雙重貶值」是有可能持續一段時間，但是，要同時發生債券價格下跌的「三重貶值」的可能性，目前還是不大。

原因有以下兩點：

① 日本的機構投資人偏好以日圓計價的資產

在債券市場，日本國內的銀行和壽險等金融機構具有很大的存在感，他們可以透過存款和壽險保費等的「日圓現金」獲得投資操作所需的資金。

這些金融機構通常認為，基於資金運用的安全考量，最好的操作方式就是購入以日圓計價的日本公債。原因是，如果透過外匯市場購入以美元等外幣計價的資產，這當中必須承擔日圓升值（即外幣貶值）導致資產換回日圓後金額減少的風險。此外，如果為了避免風險而採取外匯避險操作，還必須支付成本費用，預期的獲利勢必就會減少。

換言之，如果使用日圓資金在海外投資公債或股票，基本上除了需要承擔金融商品本身價格下跌的「**價格下跌風險**」外，還須承擔「**匯率風險**」。

因此，日本的銀行和壽險資金的投資還是會以日圓計價的資產為主。而且，如果債券價格下跌（長期利率上升），他們就會判斷投資價值上升，可能會採取加碼買入的行動（即所謂的「逢低買入」，買進一時下跌的投資商品的操作）。

② 絕大部分的公債為國內投資人（包括日銀）所持有

約有九成的日本公債是由日本國內的市場投資人所持有，其中包括日銀在內。而日銀所持有的比例早已超過四成，這是因為日銀一直持續大規模購入長期的日本政府公債。相較之下，外國人的持有比例非常小。

過去，曾有知名對沖基金（Hedge Fund）在期貨和選擇權市場大量建立空單，押注日本政府公債下跌，但是，如前文所述，由於日本人強烈的「近鄉偏誤」（Home Bias），結果也就沒有成功。近年

來，這種行為已經不那麼吸引人了。值得一提的是，相對於日本公債，約一半的美國債券其實是由外國投資人所持有。

▶ 個人投資人的未來動向還是關鍵

但是，如果個人投資人大量解約手中的存款和壽險保單，將所得的資金用於購買海外債券、股票或外幣存款，情況就不同了。

像這樣資金大量外流的現象就稱為「**資本外逃**」（**Capital Flight**）。「資本外逃」發生時，原本握有存保戶大量存款及壽險資金的金融機構，就會面臨資金減少的困境，此時便需要出售債券（公債）來彌補損失。

但是，日本能有多少人會考慮在海外投資呢？

根據日銀於2017年9月公布的資金循環統計，以家戶計算的全國金融資產約為1,845兆日圓。

其中，外幣存款和對外證券投資（購買海外債券或股票）的總額約為30兆日圓。再加上外幣計價的基金，這個數字也僅約占總體資金的2%。

總之，日本人有很強烈的「**近鄉偏誤**」（**即傾向於投資自己熟悉的本國金融資產**）的傾向。但是，在「人口減少、少子高齡化」的背景下，長期來看，可能會造成日本國力的下降，未來是否還會維持強烈的「近鄉偏誤」意識，目前還很難斷定。

此外，有關「三重貶值」是否還可能發生的問題，答案是「不會，但還不能確定未來是否會再度面臨這樣的困境」。

7.7

美國公債暴跌的說法
可信嗎?

由於目前還沒有別種貨幣的資產可以取代美元計價的美國公債,因此不太可能發生美國公債暴跌的情況。

▶ 模糊的「暴跌」定義

日本人很喜歡這樣的話題,例如,有經濟學家提出「**美國債券崩盤說**」或「**美元崩盤說**」等。因為美國債券是一種信用度很高的資產,如果美國債券崩盤了或者作為關鍵貨幣的「美元」崩盤,極可能導致全球陷入巨大的經濟混亂。這種大膽的預測往往很容易吸引人們的關注,但是,如果輕易相信這樣的言論,就顯得不明智了。像這樣越是明顯偏離了自己的基本認知,就越需要「保持懷疑的態度」謹慎思考。

首先,美國的財政赤字是長期存在的問題,因此美國一向透過大量發行美國公債來籌措資金。而且,美國公債有半數以上是外國投資人所持有。如果美國公債無人購買,這不僅會使美國政府的資金調度變得困難,還可能導致美國利率飆升和財政危機。因此,每次美國公債的標售結果,總是帶給市場投資人高低起伏的情緒。

▶ 美國公債下跌僅是一時的現象？

有關坊間傳言美國公債和美元暴跌的原因，主要是因為：①美國財政赤字急速增加而導致市場對美國的信心降低，以及②2008年後半的金融危機導致巨大的不動產泡沫破滅，使得美國經濟長期陷入衰退等。

但是，關於美國債券和美元崩盤的說法是否可信？

筆者的回答是「No」。首先，對於「暴跌」的定義，到底要達到什麼程度才叫「暴跌」其實並不明確。

曾經也不知有多少次市場出現不利於美債的壞消息，多次導致美國公債短暫性被拋售。

例如，2009年6月上旬，市場出現了俄羅斯央行高層表示「俄羅斯將出售其手中持有的美元，用以增加歐元計價的外匯儲備」的謠傳，引起全球性的「拋售美元」現象，因此導致美國公債大量的被拋售。美國10年期公債殖利率急遽上升至4.0%。

但是，同年6月下旬，美國公債買盤馬上反轉熱絡，6月底左右的公債殖利率又回到了3.5%以下。

像這樣美國公債一時的價格崩跌，很可能就是投資人最佳的「逢低買入」時機，可以坐等價格迅速反彈。

可見單方面的市場價格下跌，正常情況通常不會持續很長的時間，所謂的「暴跌」一說，實際上就是一個非常模糊的表述。

▶ 目前沒有可以取代美國公債的金融資產

即使如此，我們還是可以再深入探討，假設市場對美國公債的信心受到重創，導致公債的價格大跌，而且沒有反彈的情況。

這時我們最重要的是要去想「之後」可能的狀況，也就是，從美

美國公債的下一個接棒人是？

美國公債
（＝美元資產）

賣出美國公債，
購入其他貨幣的資產

歐元計價資產	→	歐元的弱點、缺點太多
日圓計價資產	→	貨幣市場的流通性不足
其他貨幣計價資產	→	貨幣的流通規模太小

沒有可以替代美元資產的接棒人！

國公債撤出的資金「會到哪裡去」。

如果關鍵貨幣的美元金融資產，也就是信用度高且具有流動性（即市場交易量大）的美國公債暴跌，資金大量撤出之後，勢必要有其他非美元貨幣的金融資產成為主要的「接棒人」。

但是，令人印象深刻的2010年希臘財政危機所彰顯的「制度缺陷」（→6.2節末），我們知道歐元至少目前不是可以接棒美元的貨幣。同樣，市場流動性不足的日圓也不是充分可以接棒的貨幣。

換言之，目前世界上還找不到可以替代美元或美國公債的其他貨幣，因此，「暴跌說」的可信度實在太低了。

7.8

應該擔憂的是債券市場的功能下降

日本央行強行實施的貨幣寬鬆政策，對債券市場帶來負面的影響，導致其功能在逐漸下降。同時，市場的基本結構也在惡化。

▶ 超低利率導致短期的貨幣市場功能下降

筆者（上野）自1990年以來，一直在金融機構擔任市場經濟學家的工作，並於1994年被賦予「首席市場經濟學家」的頭銜，也是在日本被賦予這樣職稱的第一人，筆者非常引以為傲。筆者所屬的部門直接負責的金融市場有：外匯市場、貨幣市場和債券市場等三個市場。其中後兩個市場，也就是**與日圓利率相關的市場，其功能性非常明顯地正在逐漸式微**。

以短期的貨幣市場來說，自從1995年7月日本正式進入幾近於0%的超低利率時代開始，大量的超額準備金已成為常態化，顯示市場資金過剩，已經進入了「熱滾滾」的狀態，各金融機構顯然已經不再需要精準的資金調度，因此導致市場的活力逐漸喪失。

在這個市場，利率形成的基本要素就是日銀的貨幣政策操作，特別是殖利率曲線起點的隔夜拆款利率的未來預測。但是，由於日本經濟通縮結構的根深柢固，除非出現像安倍晉三首相辭職並撤回

債券市場的功能式微仍是進行式

日銀大規模地購入長期公債
＋
殖利率曲線控制

透過人為操作壓低利率

債券市場已經失去了原本應有的價格形成功能，因此具備解讀市場利率趨勢技巧的人也在減少……？

「安倍經濟學」等政治情勢的重大變化，否則估計很難取消負利率政策（即升息），也很難提高無擔保的隔夜拆款利率。所以，在日本央行的三層存款體系（→4.4節中後）結構之下，以些微的利率差距取得獲利的套利操作等方式，在目前的貨幣市場還是保有一定規模。

▶ 債券市場的基礎結構正在慢慢惡化

更令人擔憂的是，債券市場的功能正在嚴重下降。債券期貨（交易量最多的期貨到期月份）的每日價格波動往往只有約0.1日圓左右。實際的現貨債券市場，還曾經出現新發行10年期公債當天沒有交易額的情況。

債券市場中，短天期和中天期區間的公債，主要受到日銀的貨幣政策運作的影響，而長天期和超長天期區間的公債，還會加上未來的景氣預測、物價走勢、財政紀律強弱等多重的風險因素，交織而

7

解讀利率波動的概念和技巧

形成市場價格水準。

另外，日銀會根據市場的殖利率曲線形狀，解讀為市場對未來景氣和物價的預測，並視為是寶貴的訊號。再根據這些訊號來查核經濟是否存在衰退風險，以及通膨政策運作是否失誤，以確保政策運作正常。

政府通常還會將債券市場中超長天期區域所產生的風險貼水擴大，解讀為財政紀律鬆弛所發出的警示，還會透過某種形式展現其維持財政紀律的態度。

在這樣的情況之下，政府和日銀的做法更是緊密合作，債券市場原來應有的功能，也由於**日銀大規模地購入長天期公債，並且，長期實行「殖利率曲線控制」政策的情況下，致使市場應有的功能幾乎已經消失殆盡。**

在多次日銀與市場相關人士的意見交流等會議場合，市場方面也多次發出「再這樣下去債券市場重要的基礎結構將消失殆盡」的警示。但是，現在的日銀將「安倍經濟學」中，達成「通貨膨脹率2%的目標」當作金科玉律，對這樣的警告一直不置可否。

現在，會仔細詳讀《日銀短觀》和《礦工業生產指數》等主要經濟指標的債券交易員和操盤手已經明顯減少了，最近，甚至還有人不知道數據的公告日期，這實在很令人驚訝（畢竟判斷的依據已經不復存在，不關心也是自然……）。在向機構投資人進行說明時，越來越多人也表示「日本公債幾乎已經沒有交易了」。

債券市場功能的日益低落，實在是個令人擔憂的現象。如果將來債券市場恢復了正常狀態，不知市場會不會不知道該以何種數據做為交易判斷的情況。

7.9

國內外的利率差異引發注目，利差交易順勢而起

因為各國之間的利率高低差異，機構投資人也著眼於此，藉此獲取利率的差額收益。

▶ 利用低利率國家籌措資金，再投入高報酬貨幣的投資操作

全世界各國的利率有高有低。許多投資人常會利用這樣的利率差異，透過「利差交易」（**Carry Trade**）來獲取利益。

所謂的「利差交易」，是指利用低利率貨幣籌措資金，再以高利率貨幣進行資金操作的一種方法。

在2008年上半年之前，就有投資人利用低利率的日圓及瑞士法郎來籌措資金。然而，在日銀開始實施量化寬鬆政策的2001至2006年，利用「日圓的利差交易」就已經盛行起來了。

但是，2008年後半的全球金融危機，市場發生了出乎意料的巨變，從而導致對沖基金等機構遭受巨額損失。市場氛圍也有如空氣的擴散般大家紛紛趨向避險，「日圓的利差交易」也才明顯減少。

2008年12月，美國的聯準會（→6.1節）為了因應當時的危機，將政策利率即聯邦基金利率（Federal Fund Rate）的隔夜利率誘導

水準下調至0～0.25%，因此，美國的短期利率也降至幾近0%的超低利率。此時，利用美元的超低利率籌措資金，再投入高利率新興市場的「美元利差交易」儼然又形成了一股潮流。

▶「利差交易」潛藏著巨大的風險

但是，象徵全球化的「利差交易」操作也可能伴隨著以下巨大的風險：

① 匯率波動的風險

如果所投資的貨幣匯率突然出現急遽的貶值時，那麼，即使透過利率差賺到了利潤，但在匯率上卻可能遭受嚴重的損失。

② 原本低利率的貨幣利率上升的風險

資金的調度通常都是透過短期資金的借貸方式進行。如果市場普遍預期，調度資金國家的中央銀行即將調升利率，那麼短期利率就會急速上升。這時，籌資的貨幣和投資的另一貨幣之間所產生的利率差距就會瞬間縮小。

③ 出借方要求提早還款的風險

如果短期資金的出借方要求提前還款時，對於類似對沖基金等投資人來說，資金周轉可能就會出現問題。這時，無論盈虧與否，可能不得不拋售已經投資下去的資產，用以償還借款。

④ 越來越多「利差交易」的平倉操作所帶來的風險

③所指的結束「利差交易」，在投資市場稱為「平倉[1]」。如果平

---

1 「平倉」：是一種投資術語，意思是指將原先手上所持有的合約或是商品結算沖銷了結，簡單地說就是交割，結算交易的意思。

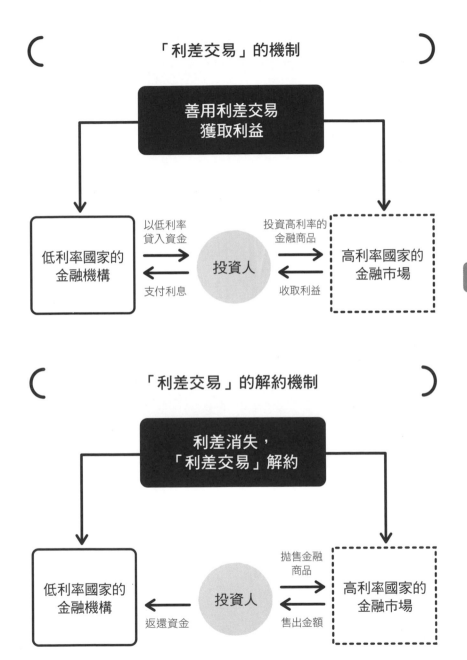

「利差交易」的機制

善用利差交易
獲取利益

低利率國家的
金融機構

以低利率
貸入資金

支付利息

投資人

投資高利率的
金融商品

收取利益

高利率國家的
金融市場

「利差交易」的解約機制

利差消失，
「利差交易」解約

低利率國家的
金融機構

返還資金

投資人

拋售金融
商品

售出金額

高利率國家的
金融市場

倉操作大量發生時，則先前「利差交易」所投資對象的資產（例如高利率國家的債券或股票等）會大量被拋售，造成價格急遽下跌。因此，「利差交易」的投資人可能就會蒙受重大損失。

7.10

如何解讀國內外重要人物的發言！

盲目地相信重要人物的發言是很危險的。必須掌握發言者的特點，並能識別談話內容的重要部分。

▶ 養成站在發言者立場思考的習慣

在分析利率趨勢時，最重要的素材當屬「經濟統計的數據」（→7.3節）和「重要人士的發言」。

重要人士的發言通常是指政府、央行等重要機構所屬的重要人物所發表的言論（訊息發布）。為了分析這些重要人士的發言，必須掌握以下兩個要點：

① 發言者（或組織）屬於何種立場？
② 對於發言者（或組織）而言，最希望訊息的接收者如何理解所傳遞的發言內容。

①和②是指將自己置身於發言者的立場，並試著「扮演」他們的角色來思考。這種方式往往可以讓我們看到先前所忽略的觀點。

例如，國內外的政府官員針對經濟趨勢發表評論。在這種情況下，由於發言者所處的立場，不論是演講或新聞發布會，都不太可

能講話的結尾會說出「這個國家的經濟短期內會陷入困境」這樣的悲觀言論。

即使大部分時間都以「經濟會持續面臨嚴峻的考驗」等直率且悲觀的角度，來分析未來的景氣發展趨勢，但很常見的是，講完這些內容後，通常也會提出一個樂觀的前景，例如「經濟終將恢復景氣」等。

▶ 若只關注發言內容的結論，容易做出誤判

重要人士的發言，往往會透過講述過去成功的經驗來鼓勵國民。

例如，2010 年 4 月 7 日，當時的美國聯準會主席伯南克（Ben Bernanke）發表演說。伯南克主席指出，企業的新增員工和銀行貸款的情況都非常疲弱，並說美國經濟「距離擺脫困難還有很長的路要走」。

但是，在演講的最後，他堅定地說道：「我對美國克服困難的能力非常樂觀。就像歷史一再證明，美國經濟具有絕對的靈活性和恢復能力。」

換言之，當政府官員發表有關經濟的評論時，無論程度上有多大的差異，演講的結論部分通常都會傾向正面的言論。如果媒體在報導時忽略平衡感，只將演講的樂觀部分放大，大家可能就會做出錯誤的判斷。

為了避免這種情況，重要的是**不要盲目地完全相信媒體的報導，而要仔細地審視這些重要人士發言的原始內容**。

1990 年代的日本，政府為了恢復景氣，多次採用了大規模的經濟對策。在這段時期，可以經常聽到政府和執政黨高層官員的發言，總是說「透過這次經濟對策，一定能夠促使景氣復甦」。這種發言

重要人士的發言特徵

對未來抱持樂觀的談話

結論傾向正面言論

政府重要人士的發言

對自己的立場及持有的資產有利的發言

不客觀、帶有非常主觀的色彩

立場式發言

在發言中技巧性地加入「撤退路線」

警告可能會有預測和預想之外的風險

委婉式表達

和太平洋戰爭時的「大本營發表」的發言頗有異曲同工之妙，所謂的「大本營發表」是指日本在節節敗退的情況下，軍方仍然發表虛假的戰果報告，而政府發表的內容也像是沒有根據的願景，完全不可信。

日本的經濟深受泡沫經濟破滅和不良債權問題（金融機構的放貸無法收回問題）的影響，不太可能一下子就能經濟復甦。

結果，在這段時期，日本市場的投資人學會了首先對政府的「大本營發表」一定要抱持懷疑態度的重要性。

▶「立場式發言」和「委婉式表達」

市場上有所謂的「立場式發言」和「委婉式表達」等發言方式。

① 立場式發言（Position Talk）

這是一種願望表達的發言，也就是「希望把自己的立場和持有的資產變得更有利一些」。屬於不客觀、充滿主觀色彩的發言。

例如，我們經常可以從持有正在上漲中且可取得更多獲利的股票持有人口中，聽到更多對於股市表示看好的預測。

② 委婉式表達（Hedging Words）

為避免自己的預測和看法出現失誤的情況，在發言中很有技巧地加入某種「撤退路線」。

比如說，「不能否定某件事會超出預期」或是「可能會有～的風險」等就是典型的說法。

從內閣成員的國會答辯和日銀總裁的記者會中，就可以經常看見這樣的情景。日本的政策當局人士也經常會使用這樣的委婉式發言。

在面對重要人士發言時，一定要掌握「訊息源頭」的特點，並應該仔細地思考談話的內容當中，何者才是其中真正重要的部分。這是準確預測利率趨勢所必須的重要技巧。

Part 8

你的投資，
利率和報酬率
是關鍵

8.1
先學會單利的計算方法

投資的時候，首先必須要有「投資報酬率」的概念。而其中最基本的是「單利計算」。

▶ 單利計算的方法

「**投資報酬率**」是一個非常重要的指標，用來表示你投入的資金增加或減少了多少百分比。

例如，你投資的時候，如果了解投資報酬率的概念，就可以選擇最有利的投資方式。同樣，你需要借錢時，也可以選擇最有利的貸款方式。

在 Part 8，我們將解釋如何計算投資報酬率。

最基本的投資報酬率計算，是僅針對本金計算利息的「**單利計算**」。「單利」是指無論你投資 1 年、2 年、3 年……，都只對本金產生利息的機制。在日本，單利的金融商品包括存款期限少於 3 年的定期存款，和一般活期存款等。

單利的計算非常簡單，可以用以下公式計算：

本利和（原始投入的本金＋利息）＝
原始投入的本金×（1＋利率×投資年數）

現在，我們可以試算一下年利率為2%、存款期間為1年的定期
存款，存入100萬日圓後，1年後的結果為何（以下不考慮稅金因
素）：

$$100\text{萬日圓} \times \Big(1 + 2\% \times 1 \,(\text{年})\Big) = 102\text{萬日圓}$$

2年後的結果如下：

$$100\text{萬日圓} \times \Big(1 + 2\% \times 2 \,(\text{年})\Big) = 104\text{萬日圓}$$

3年後的結果如下：

$$100\text{萬日圓} \times \Big(1 + 2\% \times 3 \,(\text{年})\Big) = 106\text{萬日圓}$$

▶ 存款期間不滿一年的單利計算

如果存款期間不足1年，則可以使用分數的方式計算單利利息：
投資年數＝存款月數／12。

例如，存款期間為3個月的結果如下：

$$100\text{萬日圓} \times \Big(1 + 2\% \times \frac{3}{12} \,(\text{年})\Big) = 100\text{萬}5,000\text{日圓}$$

存款期間為6個月的結果如下：

$$100\text{萬日圓} \times \Big(1 + 2\% \times \frac{6}{12} \,(\text{年})\Big) = 101\text{萬日圓}$$

8.2

複利的計算方法

複利計算的金融產品是將利息加到原始的本金裡再投入投資，因此比單利更有利。而且，每年的複利計算次數越多越好。

▶ 本金加上一定期間內產生的利息所形成的本利和，再去計算利息

了解單利之後，接下來要學習的利息計算是「**複利**」。複利指的是將取得的利息加上本金，形成的「**本利和**」（本金＋利息）視為新的本金，再去計算利息。

在日本，以複利計息的金融商品包括存期3年以上的定期存款、期限較短的政府公債和公司債（到期期限較短的債券）以及 MMF（Money Management Fund）等。

例如，將100萬日圓存入年利率為2%的定期存款，並且採用複利計算，從第2年開始，將會以本金100萬加上第1年的利息當作新的本金，去計算第2年的利息。

由於第2年開始，利息的計算基礎增加了，因此與單利相比，複利的金融商品會更有利。因為本金和利息都會產生利息，所以常被形容為「像滾雪球一樣越滾越大的機制」。以下為複利計算的公式：

$$本利和＝本金 \times \left(1+\frac{利率}{A}\right)^B$$

A＝每年的複利次數，B＝投資期間的複利總次數

A的每年複利次數是指每次取得利息再滾入本金的時間間隔，一年有幾次。例如「1年複利」是每年計算複利一次，「6個月複利」就是每半年計算複利一次。

假設，現在有100萬日圓以年利率2%、每半年複利一次的方式，存入期間為5年的定期存款，那麼5年後會變成多少錢？

$$100萬日圓 \times \left(1+\frac{2\%}{2（次）}\right)^{10（次）} ≒ 110萬4,622日圓$$

計算利息，小數部分會被捨去。

▶ 3個月複利比6個月複利更有利

A的一年複利次數越多，利息增加的速度就會越快。在相同的條件下，我們可以比較6個月複利和3個月複利的定期存款。

6個月複利在上述條件下，本利和為110萬4,622日圓，而3個月複利的情況如下：

$$100萬日圓 \times \left(1+\frac{2\%}{4（次）}\right)^{20（次）} ≒ 110萬4,895日圓$$

因此，即使是相同的本金、利率和期限，3個月複利也比6個月複利多273日圓。在選擇金融商品時，不僅僅是牌告利率，複利次數也非常重要。

8.3
延遲課稅的金融商品較有利

比較一下，期滿才課稅和每次利息產生時就課稅的不同。

▶ 金融商品獲利所產生利息的應課稅率為20.315%（日本國內稅法）

在日本，透過金融商品投資所取得的獲利必須扣繳稅金，所應扣繳的稅率[1]為20.315%，內容包括所得稅15%、復興特別所得稅[2]0.315%（所得稅15%×2.1%）、地方稅5%。復興特別所得稅的實施期限是到2037年12月31日為止。例如，如果將100萬日圓存入年

1　台灣境內金融商品所得課稅方式：

　　股票：交易所得屬於資本利得免稅。但股利所得屬於個人所得，須併入個人所得稅申報，可享有股利8.5%扣抵稅額。亦可選擇分離課稅，適用28%的單一稅率。

　　基金：交易所得屬於資本利得免稅。但配息所得屬於利息所得，須併入個人所得稅申報，適用利息收入低於27萬的儲蓄投資特別扣除額所得規定。另外，單筆配息所得超過2萬元須課徵2.11%的二代健保補充保費。

2　日本的復興特別所得稅：2011年3月11日東日本大地震後，為了支援災區重建，日本政府所實施的臨時稅，有效期限為2013年至2037年。

利率為2%、期限為1年的定期存款，則1年後的利息為2萬日圓（100萬×2%）。其中稅額的計算方法如下：

2萬日圓×15.315% ＝ 3,063日圓
2萬日圓×5% ＝ 1,000日圓
稅後利息總金額＝1萬5,937日圓

我們已經知道金融商品的獲利所得會被課稅，但課稅方式有以下兩種：

① 稅金的延遲支付：投資商品期滿前所產生的利息暫不課稅，延遲至到期日時才課稅。

② 稅金的立即支付：每次利息發生的當下即課徵稅金。

▶ 持有期間越長所產生的利益差額越大

較為有利的是①的延遲課稅的金融商品。

例如，投資100萬日圓，利率為6%，6個月複利的金融商品，投資期間為5年。比較有無「延遲課稅」的狀況如下：

① 稅金的延遲支付（到期日時徵收）

首先計算出未稅的本利總額。

$$100\text{萬日圓} \times \left(1 + \frac{6\%}{2(\text{次})}\right)^{10(\text{次})} \fallingdotseq 134\text{萬}3,916\text{日圓}$$

利息34萬3,916日圓，將課徵以下稅額：

34萬3,916日圓×15.315% ≒ 5萬2,670日圓（小數點以下去尾）
34萬3,916日圓×5% ≒ 1萬7,195日圓（小數點以下去尾）
則稅後的本利總額≒127萬4,051日圓

② 稅金的立即支付（每6個月徵收一次）

因為利息產生當下就必須支付稅金，所以，可以直接將6%的利率扣除稅率後，即為4.78%（6%×79.685%），並使用6個月複利公式計算本利總額如下：

$$100\text{萬日圓} \times \left(1 + \frac{4.78\%}{2\,(\text{次})}\right)^{10\,(\text{次})} \fallingdotseq 126\text{萬}6{,}413\text{日圓}$$

採用期滿才徵收的「延遲課稅」方式，比起沒有延遲課稅的方式，增加了7,638日圓（127萬4,051日圓－126萬6,413日圓）。而且，投入期間越長，有無延遲課稅的差距就越大。如果利率相同，**有延遲課稅的金融商品當然比較有利**。

8.4
外幣存款除了投資報酬率之外更要注意匯率風險

外幣存款除了可以取得利息收入，還能在日圓貶值時獲得匯差收益。然而，需注意的是如果日圓升值，就會產生匯率損失。

▶ 外幣存款重要的是日圓貶值產生的匯差收益

「外幣存款」通常是指以美元、歐元等外幣所存入的一般活期或定期存款。一般有提供外幣存款服務的銀行，都可以兌換外幣後設定存款。

外幣存款的獲利包括：①**存款利息**、②**因匯率波動產生的「匯差收益」**（**Exchange Gain**）兩部分。首先，先來看不考慮成本的外幣存款報酬率。外幣存款到期時的收取金額（以日圓為基礎）公式如下：

外幣存款到期時的收取金額（以日圓為基礎）＝

$$外幣本金 \times \left(1 + 利率 \times \frac{日數}{365} \right) \times 匯率（到期時的匯率）$$

假設，有100萬日圓存入年利率1%的美元定期存款（存款期間1年）。存入時匯率為1美元＝90日圓，到期時1美元＝93日圓。

首先，將100萬日圓兌換成美元，計算方式如下：

外幣本金（美元）＝100萬日圓÷90日圓≒1萬1,111.11美元

接下來，到期後的應收取金額（以日圓為基礎）如下：

$$1萬1,111.11美元 \times \left(1+1\% \times \frac{365}{365}\right) \times 93日圓（到期時的匯率）$$
≒104萬3,666日圓

以上所取得的獲利相對於投資金額的比率，就是「外幣的投資報酬率」，計算如下：

（104萬3,666日圓－100萬日圓）÷100萬日圓×100%≒4.366%

美元存款本身的利率是1%，但投資報酬率卻超過了4%。原因是**到期時和一開始存款時相比，日圓貶值了，所產生的「匯差收益」**（由匯率波動產生的利潤）被加到了獲利之中。

外幣存款雖然可能產生高獲利，但需要注意如果日圓升值，就有可能出現「**匯差虧損**」（由匯率波動造成的損失），導致報酬率下降或本金折損。

此外，外幣存款還會產生一些成本，也就是兌換外幣時必須支付給銀行的「匯兌手續費」和稅金。

稅金是指取得利息時，應課徵稅率的20.315%[3]，並以取得的外幣基礎計算稅額。

---

3 台灣國內的外幣存款稅額課徵與日本相同，分為2部分，分別為：

利息所得：單筆利息所得超過2萬元須課徵2.11%的二代健保補充保費，超過20,010元銀行會預扣10%的所得稅，隔年申報綜所稅時，若當年度累積的利息收入低於27萬的儲蓄投資特別扣除額所得，將退回預扣金額。

匯差收益：屬於外幣買賣收入，扣除匯兌成本後併入個人所得申報。

但是「匯差」的部分，只對獲利的部分課徵所得稅。該項獲利歸屬於「其他所得」，按綜合所得稅的稅率課徵（併入綜合所得稅並按所屬級別課稅）。

　　外幣存款即使利率很高，但是有可能因為匯率波動的關係，造成損失。因此，事先評估能避免匯差損失的匯率（外幣存款的損益平衡點）非常重要。

8.5

債券投資有三種報酬率

債券投資有三種報酬率,依買入和出售的時間不同,有申購者報酬率、到期利息報酬率和持有期間報酬率。

▶「申購者報酬率」:新發行債券發行期滿到期的報酬率

所謂「附息債券」(**Interest-bearing Bond**)(附帶利息的債券),通常會有三種報酬率:**申購者報酬率、到期利息報酬率**和**持有期間報酬率**。另外,根據買入和出售的時間不同,計算方式也不同。

首先,我們先介紹一下計算債券報酬率時,需要了解的專有名詞。

① 票面到期日(Maturity Date)

債券到期返還的日期。

② 票面金額(Face Value)

債券票面所記載的債券金額,也就是期滿到期時所應返還的金額。

③ 票面利率(Coupon Rate)

債券的約定利息所對應票面金額的比率,持有人每年收取一次利息。

④ 發行價格（Issue Price）

購買「新發行債券」（Newly Issued Bond）的實際買價。例如，
債券的票面金額為100日圓，但是，發行價格可能是98日圓。我們
也可以解釋為：票面金額是定價，發行價格就是銷售價格，這樣可
能更容易理解。

首先，所謂申購者報酬率是指購買新發行債券並持有至到期時的
報酬率。計算公式如下：

$$申購者報酬率 = \frac{票面利率 \times 票面金額 + \dfrac{票面金額 - 發行價格}{持有期間}}{發行價格} \times 100\%$$

假設，持有到期日期間為5年、票面利率為3%、發行價格為98
日圓（票面金額為100日圓）的新發行債券，持有至到期日為止的
申購者報酬率為：

$$\frac{3\% \times 100 + \dfrac{100 - 98}{5}}{98} \times 100\% \fallingdotseq 3.469\%$$

這個報酬率比票面利率的3%多了0.469%，那是因為發行價格比票
面金額低的緣故。發行價格和報酬率之間的關係如下：

- 發行價格下跌 → 報酬率上升
- 發行價格上漲 → 報酬率下降

▶「到期利息報酬率」：持有流通債券至到期日的報酬率

所謂的到期利息報酬率，是指在次級市場買入「**流通債券**」（**Outstanding Bond**）並持有至到期日時的報酬率。

與新發行債券不同，流通債券的買入價格會因市場價格波動而變化。計算公式為：

$$到期利息報酬率＝\frac{票面利率 \times 票面金額＋\dfrac{票面金額－買入價格}{持有期間}}{買入價格} \times 100\%$$

例如，票面利率為3%、買入價格為96日圓（票面金額100日圓）、持有期間4年的情況下，到期利息報酬率為：

$$\frac{3\% \times 100＋\dfrac{100－96}{4}}{96} \times 100\% ≒ 4.166\%$$

買入價格和報酬率的關係如下：

- 買入價格較低 → 報酬率上升
- 買入價格較高 → 報酬率下降

▶「持有期間報酬率」：取得流通債券後於到期之前就出售的報酬率

所謂持有期間報酬率，是指在次級市場買入流通債券，而且在期滿到期之前賣出所獲得的報酬率。計算公式如下：

$$持有期間報酬率 = \frac{票面利率 \times 票面金額 + \dfrac{出售價格 - 買入價格}{持有期間}}{買入價格} \times 100\%$$

例如，票面利率為3%，買入價格為96日圓（票面價格100日圓），出售價格為98日圓，持有期間為5年，則持有期間的報酬率為：

$$\frac{3\% \times 100 + \dfrac{98 - 96}{5}}{96} \times 100\% \fallingdotseq 3.541\%$$

出售價格和報酬率之間的關係如下：

- 出售價格較高 → 報酬率上升
- 出售價格較低 → 報酬率下降

實際上除了上述的報酬之外，還會有稅金需要支付。另外，還有一種「應計利息[4]」（**Accrued Interest**），是買方必須依照按日計息的方式支付利息給賣方。

---

4 應計利息：債券買賣時應該要計算自上一利息支付日至買賣結算日為止的利息。此部分的利息稱為「應計利息」，也是債券買賣時，買方應支付給賣方的利息。

8.6

從兩種收益計算基金的投資報酬率

賣出基金的資本利得＋配息的金額，相對於投資基金總額，所算出的比率就是基金的報酬率。除此之外，還必須支付稅金、交易手續費和基金管理費等費用。

▶ 估算基金獲利能力的總報酬率

所謂「基金」（Fund）是指從不特定多數的個人投資人處募集資金後，委託投資管理公司進行操作，再將所獲得的收益分配給投資人的一種金融商品。

基金相關的投資有以下兩個專有名詞必須牢記：

① 基金淨值（Net Asset Value）：

基金淨值是指一個單位基金的資產價值。當基金淨值上升時，所獲得的收益就是「**資本利得**」（**Capital Gains**）。

② 配息（Dividend）：

基金公司由投資人處所募集的資金經過投資操作後所取得的獲利，再分配給投資人的金額。配息的收入又可稱為「**配息收入**」（**Income Gains**）。

基金的獲利能力可由「**綜合報酬率**」的計算得知。計算公式如

下，其中**年度總收益＝資本利得＋配息收入**。

$$基金的綜合報酬率＝\frac{年度總收益}{投資額}×100\%$$

假設，以基金的1單位＝1萬日圓的基金淨值，買入100單位的基金，則總投資金額為100萬日圓。1年後，以每單位1萬2,000日圓的價格全數賣出，期間並獲得每單位500日圓的配息。則：

資本利得＝（賣出價格1萬2,000日圓×100單位）－

（買入價格1萬日圓×100單位）＝20萬日圓

配息收入＝每單位500日圓×100單位＝5萬日圓

總收益＝20萬日圓＋5萬日圓＝25萬日圓（未稅）

$$綜合報酬率＝\frac{總收益25萬日圓}{投資額100萬日圓}×100\%＝25\%（未稅）$$

以上為未稅的綜合報酬率。實際上，基金的配息收入和出售的資本利得都需要繳稅，日本目前的稅率為20.315%。[5]

除了稅金之外，還有以下幾種成本需要支付費用：

① 交易手續費

支付給基金銷售公司的費用，通常為購買金額的2～3%左右。

---

5 台灣基金所得課稅方式：

　境內基金：交易所得屬於資本利得免稅。但配息所得屬於利息所得，須併入個人所得稅申報，適用利息收入低於27萬的儲蓄投資特別扣除額所得規定。另外，單筆配息所得超過2萬元，須課徵2.11%的二代健保補充保費。

　境外基金：交易所得的資本利得與配息皆屬海外財產所得，若超過100萬須申報並納入基本稅額計算，670萬以下免稅，超過部分課徵20%稅額。

另外也有**免佣金基金**（**No-load Funds**）。

② 管理費用

支付基金的運作和管理的報酬，會由基金的資產餘額中扣除。費用約為基金資產餘額的0.01～3%左右，通常是每天自動扣除。

③ 贖回費用

基金贖回時所需支付的費用，通常為基金淨值的0.1～0.3%左右。近年來，收取此項費用的基金已經越來越少了。

8.7
不動產投資的兩種報酬率

有毛報酬率和淨報酬率兩種，但如果要掌握實際的獲利能
力，則應選擇淨報酬率。

▶「毛報酬率」可以快速了解不動產物件的獲利能力

不動產投資的報酬率有「毛報酬率」（**Gross Yield**）和「淨報酬
率」（**Net Yield**）兩種。

毛報酬率就是單純地將整年的租金收入等收益除以購買金額（投
資金額）計算得出。一般而言，報酬率10%是可投資的參考標準，
其計算公式如下：

$$毛報酬率 = \frac{整年收入}{購入價格} \times 100\%$$

例如，一棟價值2億日圓（包括建物和土地）的公寓大樓，每戶
每月租金為12萬日圓，整棟大樓總共有15戶，且全部都已出租。
該不動產物件的1整年收入為：

每月租金12萬日圓×15（戶）×12個月＝2,160萬日圓

該物件的毛報酬率為：

$$\frac{\text{整年收入2,160萬日圓}}{\text{購入價格2億日圓}} \times 100\% = 10.8\%$$

毛報酬率因為計算簡單，對於掌握不動產物業的報酬率，非常迅速方便。

▶「淨報酬率」才是正確判斷獲利能力的依據

實際上，不動產物件投資還有各種費用，例如固定資產稅（包含土地稅、房屋稅）、仲介費、管理費和貸款利息等。所謂的淨報酬率，就是將這些成本納入後再算出的報酬率。

首先，不動產的投資成本除了購入價格之外，可分為以下兩部分：

① 初始成本

購買不動產時產生的成本，例如仲介費、消費稅等。

② 營運成本

維持不動產所需的成本，例如管理費、貸款利息等。

想知道不動產的正確報酬率，必須以加上所有的成本後再計算的淨報酬率為基準。計算公式如下：

$$\text{淨報酬率} = \frac{(\text{整年收入} - \text{管理費、稅金等各種費用})}{\text{購入價格}} \times 100\%$$

如果上述案例的管理費、稅金等各項費用為每年800萬日圓計算，則淨報酬率為：

$$\frac{(\text{整年收入2,160萬日圓} - \text{管理費、稅金等各項費用800萬日圓})}{\text{購入價格2億日圓}} \times 100\% = 6.8\%$$

不動產投資存在各種風險，如房屋物件沒有那麼受歡迎，出租率下降，也無法立即出售，房屋建物越來越老舊資產價值下跌等，因此投資不動產真的需要慎重的判斷。

Part 9

一定要了解的
貸款利率觀念

9.1

本金平均攤還法

這是一種較快償還本金的還款方式，最終需要支付的總利息也比較少。

▶ 每期償還的本金金額相同的還款方法

所謂的「**本金平均攤還法**」（**Equal Principal Payments**，簡稱：本金均攤法）是指每一期還的本金金額固定，每次還款時再加上利息的還款方式。

優點是最終支付的利息總額最少。缺點是最初的還款負擔較重。

例如，貸款 1,000 萬日圓，利率為 3%，貸款期限為 10 年，每年還款 1 次，總共還款 10 次。通常應該是每月還款（每年 12 次），但為了簡化計算，這裡假設每年只還款 1 次。則每次還款的本金金額為：

$$1,000 萬日圓 \div 10 = 100 萬日圓$$

所應支付的利息，因為貸款金額為 1,000 萬日圓，以 3% 的貸款利率借錢出來，因此 1 年後的利息為：

$$1,000 萬日圓 \times 3\% = 30 萬日圓$$

所以，第一次的還款額為：

本金部分100萬日圓＋利息30萬日圓＝130萬日圓

第二次還款，貸款餘額剩下900萬日圓。所以，第二次所應支付的利息會逐漸減少，計算如下：

900萬日圓×3%＝27萬日圓

要計算「第○次的利息支付金額」，可以套用計算公式如下：

{貸款金額－每次的本金還款金額×（應該還款的當期數－1）}×利率

例如，第5次利息的計算如下：

{1,000萬日圓－100萬日圓×（5－1）}×3%＝18萬日圓

以此類推，所應支付的利息會隨著還款次數而逐漸減少。最後，可以使用以下公式計算本金平均攤還法的利息總額：

$$\frac{貸款金額}{還款次數} \times \frac{（還款次數＋1）\times 還款次數}{2} \times 利率$$

例如，以上述例子為例，試算一下應付的利息總額：

$$\frac{1,000萬日圓}{10} \times \frac{（10＋1）\times 10}{2} \times 3\% ＝ 165萬日圓$$

9.2

本息平均攤還法

每期支付的金額保持不變，但本金和利息的比率會隨著時間
而變化。最常用於房屋貸款的方法。

▶ 每期還款金額固定，但本金和利息的比例變動

「**本息平均攤還法**」（**Blended Payment**，簡稱：本息均攤法）通
常用於房屋貸款等金額較大、還款期限較長的貸款。

每次還款的金額固定，但是每次還款內容的本金和利息的比例，
會隨著時間而改變。利息則是根據上次還款後的未還本金為基礎計
算。

優點是每次還款的金額固定，便於制定還款計畫。缺點是還款的
初期，主要是支付利息而不是還本金，與本金平均攤還法相比，利
息負擔較大。

例如，借入1,000萬日圓的貸款，利率為3%，期限為10年，每
年還款1次，還款期數共10期。正常是每個月還款（每年12期），
但為了簡化計算，這裡設定為每年1期。

首先，第一次還款前的貸款餘額（本金＋利息）為：

$$1,000萬日圓 \times 1.03 = 1,030萬日圓$$

第一期還款後的貸款餘額為：

1,030萬日圓－每期還款金額

第2期的還款，因為上次還款後的剩餘貸款餘額還會產生利息，所以，貸款餘額為：

（1,000萬日圓×1.03－每期還款金額）×1.03

再減去每期還款額後的金額就是下一期還款的剩餘貸款餘額。

（1,000萬日圓×1.03－每期還款金額）×1.03－每期還款金額

持續重複這個計算直到第10期最後的貸款全部還清為止。關於每期的還款金額，事實上都會經過設計，為的就是能夠使最後第10期還款時的剩餘貸款金額為零。

上述的解說是希望讀者們對本息平均攤還法能有更具體的概念。以下就是每期還款金額的公式：

$$貸款金額 \times \frac{利率}{1-(1+利率)^{-貸款期數}}$$

※指數為負數的計算可在函數計算機或電腦Excel軟體計算

如果將上述的案例套用於此還款公式，則可得知每期的應還款金額為117萬2,305日圓，還款總額為1,172萬3,050日圓。利息總額為172萬3,050日圓。而本金平均攤還法的應付利息總額為165萬日圓，由此可知，本息平均攤還的還款方式最終會付出較多的利息。

9.3

附加法

利息不會減少、效率最糟糕的還款方式。

▶ 直到還款的最後一期皆以貸款的原來本金計算利息

「附加法」（Add-On-Rate Method，又稱：寬限期還款法）的還
款計算非常簡單，但是，利息的負擔也最重，所以應盡量避免使用
這種還款方式。

直到貸款還款期數結束，每期的利息皆是以貸款的原始本金計算
產生，每期支付的利息金額到最後一期都不會減少。

一般10年的長期借款，幾乎不會使用「附加法」的還款方式，
但為了與另外兩種還款方式比較，我們還是設定相同的條件試算如
下。

假設，借入1,000萬日圓的貸款，利率為3%，期限為10年，每
年還款1次，總共還款10次。正常是每個月還款（每年12期），但
為了簡化計算，這裡設定為每年1期。

每期應支付的利息金額為30萬日圓（1,000萬日圓×3%）。因
此，貸款期間的10年間，總共應支付的利息總額和還款總額如下：

利息總額＝30萬日圓×10＝300萬日圓

還款總額＝1,000萬日圓＋300萬日圓＝1,300萬日圓

9.4
房貸利率的類型和選擇
一定要了解「浮動利率型房貸」和「固定利率型房貸」的差別

▶ 浮動利率型房貸的機制和規則

接下來我們說明房屋貸款利率的類型和選擇。首先,如果預期未來利率會下降,「浮動利率」是更有利的選擇。

在日本,浮動利率每年會有兩次(4月1日和10月1日)的重新審核和評估,是一種與市場利率連動的類型。

但是,儘管利率每六個月就會進行調整,但還是設有5年內還款金額不變的「**5年法則[1]**」。換句話說,5年之內還款金額都不會改變。

但是,如果在這5年期間,銀行利率有了調整,還款金額的利息和本金的比例則會按以下方式進行調整。

---

1 「5年法則」:日本房貸的「5年法則」開始於1986年。當時的利率很高,日銀擔心房屋貸款人會因為利率上升,還不起房貸導致經濟危機,所以制定了這項規定。

① 貸款利率調升時

如果貸款利率上升，利息的部分當然也會按比例增加。但因為還款金額固定，所以會導致還款金額的本金部分被延後。五年後，可以重新調整貸款人的每月還款金額時，被遞延的應償還本金就會重新計算，每月的還款金額也就相應增加。

② 貸款利率調降時

如果貸款利率下跌，那麼利息部分也會按比例減少。但因為還款金額固定，而利息減少，則本金的還款就會增加。五年後，每月還款金額可以重新調整時，因為之前增加了本金的還款再加上利率下降，所以每月的還款金額也會減少。

選擇浮動利率型的貸款方式，還有一個「**25%法則**」。這是指重新評估調整每月還款金額時，「不可以增加超過25%」。不過，這些規定都只是抑制了原本會增加的還款金額，所以如果利率上升，還款總額仍然是會增加。

「**附約定利率上限的浮動利率**」雖然也是浮動利率型的貸款利率，但附帶一項規定，就是利率不會超過事先約定的「**約定利率上限**」。

所謂的「約定利率上限」就如同是對於未來利率可能上升的風險所買的「保險」。但是，通常這個利率會高於一般的浮動利率。如果未來利率上升的可能性很高，即使需要支付手續費才能設定「約定利率上限」，這樣的選擇可能還是有利的。

▶ 三種固定利率型房屋貸款

如果預期未來利率上升，那麼選擇「固定利率型」房貸一定是比

從未來利率的漲跌到房貸利率的選擇

利率可能下跌時

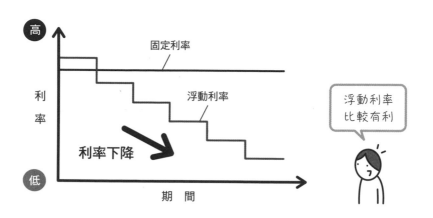

利率可能上漲時

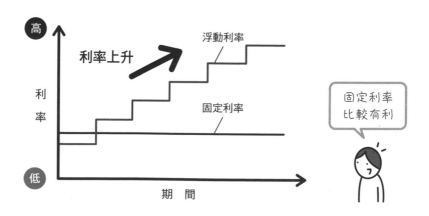

較有利。因為這是在一定期間之內，事先約定利率固定的貸款方式。

固定利率型的利率也會隨著期間設定得越長而利率越高。那是因為，隨著設定的期間拉長，銀行房貸利率的設定會受到市場利率水準的影響，因此利率也會隨之增加。

① 階梯式的固定利率型

在一段期間內，利率保持不變，之後再逐步階梯式的調升。

② 固定利率期間選擇型

可選擇最初的1～10年間，利率固定，之後再重新選擇利率類型。

③ 還款期間全部固定型

從貸款開始到完全還款清償結束的整個期間內，利率都不變的類型。

9.5

提前償還部分房屋貸款可減輕利息負擔

部分提前還款後,有「貸款期限不變型」與「縮短貸款期限型」兩種選擇。

▶️「貸款期限不變型」與「縮短貸款期限型」

所謂「**房屋貸款的部分提前還款**」是指在還款期限內,提前償還一部分房屋貸款的本金,這可以減少利息支出。

房屋貸款中所使用的本息平均攤還法(→9.2節),最初的償還金額中主要還的大部分是利息。所以,如果可以越早提前償還一部分的本金,就可以減輕利息的負擔。

但是,提前還款之後,重新計算的房貸支付方式有以下兩種:「貸款期限不變型」和「縮短貸款期限型」。

① 貸款期限不變型

不改變原來的還款期限,但是每月的還款金額會減少。適用於希望每月支出可以減少的房貸族。

② 縮短貸款期限型

不改變原來每月的還款金額,但是還款期限縮短。如果想要盡早

還清貸款，可以選擇此方式。

　　以下，我們比較有提前還款和沒有提前還款的兩種情況，而提前還款又可以分成還款後①貸款期限不變型，②縮短貸款期限型。

　　假設，貸款方式選擇「本息均攤法」，固定利率為5%、還款期限為30年的條件下，借入3,000萬日圓的房屋貸款。每月的還款金額為16萬1,046日圓。

　　在還款了10年（剩餘本金2,440萬2,620日圓）後，提前償還一部分本金300萬日圓。則利率負擔減輕的效果為：

① 沒有提前部分還款的情況（剩餘本金＝2,440萬2,620日圓）

每月還款金額＝16萬1,046日圓

剩餘期限＝20年

還款總金額＝5,797萬6,566日圓

② 提前部分還款的情況

• 貸款期限不變型（剩餘本金＝2,140萬2,620日圓）

每月還款金額＝14萬1,247日圓

剩餘期限＝20年

還款總金額＝5,622萬4,925日圓

• 縮短貸款期限型（剩餘本金＝2,140萬2,620日圓）

每月還款金額＝16萬1,046日圓

剩餘期限＝16年2個月（縮短了3年10個月）

還款總金額＝5,357萬1,820日圓

　　貸款期限不變型，會使每月的還款額減少1萬9,799日圓，還款總金額減少175萬1,641日圓。而縮短貸款期限型的每月還款金額

不變，但還款期限縮短了3年10個月，還款總金額會減少440萬4,746日圓。因此很清楚，「**縮短貸款期限型**」的選擇最有利。

此外，部分提前還款和房屋轉貸的試算，都可以透過銀行和住宅金融支援機構的房屋貸款模擬網站等輕鬆試算。

9.6
減輕利息負擔的房屋轉貸

除了目前的利率、還款金額之外，最重要的還是要檢查是否有可以有效地減少還款總額的方法。

▶ 房貸利率差額超過1%以上，才加以考慮

所謂的「**房屋轉貸**」是指將現有的房屋貸款轉換到房貸利率較低的銀行，減少利息負擔的方法。

但是，因為需要在其他金融機構重新申請貸款，所有的申請程序都必須重新辦理。如果轉換工作導致收入減少，也有可能無法通過審核。

申請房屋轉貸時，還是會有多項「費用」（例如，抵押權塗銷費用、貸款設定費、代書手續費、徵信作業手續費、印花稅等）必須支付，一般而言需要數十萬日圓。此外，還需要支付原貸款銀行的清償貸款手續費。

在決定是否轉貸之前，務必弄清楚所有的費用，並檢查是否真的可以減少還款的總金額。

一般來說，是否應該轉貸，需要檢視是否符合以下三個條件：

① 轉貸前後的利率相差超過1%以上。

② 貸款餘額超過1,000萬日圓以上。

③ 還款剩餘期限超過10年以上。

即使透過轉貸可以取得較低的房貸利率，但如果從固定利率型轉換為浮動利率型（或選擇固定利率期間）的貸款，未來如果利率上升，說不定還會增加還款負擔。

因此，不要只關注眼前的利率和還款金額，而是必須全面評估是否可以達到減少利息支出的效果。

假設，貸款方式選擇「本息均攤法」，固定利率5%、還款期限為30年，貸款金額3,000萬日圓為例。每月的還款金額為16萬1,046日圓，還款期限還剩下10年（剩餘本金1,518萬3,682日圓）。若想轉換貸款為：固定利率3%，並需支付總共30萬日圓的多項費用。是否真能達到利息減少的目的？試算如下：

① 不進行轉貸的情況
每月還款金額＝16萬1,046日圓
還款總金額＝5,797萬6,566日圓

② 進行轉貸的情況
每月還款金額＝14萬6,614日圓
還款總金額＝5,624萬4,756日圓

透過房屋轉貸，每月還款金額減少1萬4.432日圓，而且還款總金額減少了173萬1,810日圓。所以，即使需要支付多項費用的30萬日圓，轉貸的確是一個比較有利的選擇。

專有名詞英、日、中對照表

英	日	中

A

Abenomics	アベノミクス	安倍經濟學
Accrued Interest	経過利子	應計利息
Add-On-Rate Method	アドオン方式	附加法、寬限期還款法
Arbitrage	裁定取引	套利
Asset-Backed Security	資産担保証券（ABS）	資產抵押債券

B

Bank of Canada, BOC	カナダ銀行	加拿大銀行
Bank of England, BOE	イングランド銀行	英格蘭銀行
Bank Of Japan, BOJ	日本銀行（日銀）	日本銀行（日銀）
Bank Rate	バンクレート	基準利率（英國）
Basic Discount Rate	基準割引率	基準貼現率
basis point (=bp)	ベーシスポイント	基點
Benchmark	指標銘柄(ベンチマーク)	基準、指標
Blended Payment	元利均等償還方式	本息平均攤還法
Bond Futures Trading	債券先物取引	債券期貨交易
Bond Market Survey	債券市場サーベイ	債券市場調查

英	日	中
Brazil, Russia, India, China, BRICs	ブリックス（BRICs）	金磚四國
Brexit	ブレグジット	英國脫歐
Broker's Broker, BB	ブローカーズ・ブローカー（BB）	債券經紀人的經紀人
Budget Deficit	財政赤字	財政赤字
Business Cycle	景気循環	景氣循環
Buy On Dip	押し目買い	逢低買入

C

英	日	中
Call Market	コール市場	短期拆款市場
Call Option	コールオプション	買權
Capital Flight	キャピタルフライト（資本逃避）	資本外逃
Capital Gains	キャピタルゲイン	資本利得
Carry Trade	キャリー取引	利差交易、套利交易
Cash Rate	キャッシュレート	現金利率（澳洲）
Central Bank of Brazil	ブラジル中央銀行	巴西中央銀行
Central Bank of Russian Federation	ロシア連邦中央銀行	俄羅斯聯邦中央銀行
Certificate of Deposit, CD	讓渡性預金証書	可轉讓定期存單
Commercial Mortgage Backed Security, CMBS	商業不動産担保証券	商業性不動產抵押貸款證券
Commercial Paper, CP	CP（コマーシャルペーパー）	商業本票（CP）
Commodity Trading Advisor, CTA	商品投資顧問業者	商品交易顧問
Comprehensive Monetary Easing Policy	包括的な金融緩和政策	廣泛的貨幣寬鬆政策

英	日	中
Construction Bonds	建設国債	建設公債
Consumer Price Index, CPI	消費者物価指数	消費者物價指數
Contract For Difference, CFD	差金決済方式	差價結算交易
Contract/Delivery Month	限月	到期交割月份
Core CPI	CPIコア	核心 CPI
Corporate Bond	社債	公司債
Coupon	債券クーポン	債券息票
Coupon Rate	表面利率	票面利率
CP with Repurchase Agreements	CP買い現先	附買回商業本票
Credit Risk	信用リスク	信用風險
Credit-rating Agency	格付会社	信用評等公司

D

英	日	中
Debt Equity Ratio	借入金依存度	借款依存度
Decoupling Theory	デカップリング論	脫鉤論
Default	債務不履行	債券違約
Default Risk	デフォルトリスク	違約風險
Deflation	デフレ（デフレーション）	通貨緊縮
Derivative	デリバティブ	衍生性金融商品
Diffusion Index（DI）	ディフュージョン・インデックス（DI）	擴散指數
Direct Dealing（DD）	ダイレクトディーリング	直接交易
Distribution Yield	流通利回り	（債券）流通殖利率
Dividend	分配金	配息

英	日	中
Dollar-pegged System	ドルペッグ制	美元固定匯率制
Dovish	ハト派	鴿派

E

英	日	中
Emerging Countries	エマージング諸国	新興國家
Equal Principal Payments	元金均等償還方式	本金平均攤還法
Euro	ユーロ	歐元
Eurodollar	ユーロドル	歐洲美元
Euromoney; Eurocurrency	ユーロマネー; ユーロカレンシー	歐洲貨幣
European Central Bank（ECB）	欧州中央銀行	歐洲中央銀行
European Union（EU）	欧州連合	歐盟
Euroyen	ユーロ円	歐洲日圓
Eurozone	ユーロ圏（ユーロエリア）	歐元區
Excess Reserves	超過準備	超額準備
Exchange Gain	為替差益	匯差收益
Exchange Traded Fund（ETF）	指数連動型上場投資信託（ETF）	指數股票型基金（ETF）
Exit Mechanism	出口戦略	退場機制
Export Dependence	輸出依存型	出口依存型

F

英	日	中
Face Value; Par Value	額面	票面金額
Federal Fund Market	フェデラルファンド市場	聯邦基金市場
Federal Fund Rate	フェデラルファンドレート(FFレート)	聯邦基金利率

英	日	中
Federal Open Market Committee (FOMC)	連邦公開市場委員会	聯邦公開市場委員會
Federal Reserve Board（Fed）	米連邦準備制度理事会（FRB）	美國聯邦準備理事會（Fed）
Federal Reserve System（FRS）	連邦準備制度	聯邦準備制度
Financial Bond	金融債	金融債
Financing Bills（FB）	FB（政府短期証券）	政府短期債券（＝甲種國庫券）
Fiscal Austerity	財政緊縮	財政緊縮
Fiscal Expansion	財政拡張	財政擴張
Fiscal Investment and Loan Program Bonds	財投債	FILP公債
Fiscal Investment and Loan Program (FILP) Agency Bonds	財投機関債	財政投融資機構債
Fitch Ratings	フィッチ・レーティングス	惠譽公司
Flat Yield	フラットイールド	平坦（殖利率）曲線
Forward Guidance	フォワードガイダンス	前瞻指引
Forward Rate	フォワードレート	遠期利率
Forward Yield	順イールド	正斜率（殖利率）曲線
Fund	投資信託（ファンド）	基金
Futures Trading	先物取引	期貨交易

G

GDP, Gross Domestic Product	国内総生産（GDP）	國內生產毛額（GDP）
GDP Deflator	GDPデフレーター	GDP平減指數

英	日	中
Government Bond Underwriting Syndicate	国債引受シンジケート団	政府公債承銷聯合組織
Government Bonds	国債	政府公債
Government-guaranteed Bonds	政府保証債	政府擔保債
Gross Yield	表面利回り	毛報酬率（不動產）

H

Hedge Fund	ヘッジファンド	對沖基金
Hedging Words	ヘッジをかける	委婉式表達
Home Bias	ホームバイアス	近鄉偏誤

I

Income Gains	インカムゲイン	配息收入（基金）
Inflation	インフレ	通貨膨脹
Inflation Report	インフレーション・レポート	通膨報告書
Inflation Targeting	インフレ・ターゲティング	通貨膨脹目標
Inflation-overshooting Commitment	オーバーシュート型コミットメント	通膨超標承諾
Institutional Investors	機関投資家	機構投資人
Inter-bank Market	インターバンク市場	同業拆款市場
Intercontinental Exchange, Inc., ICE	インターコンチネンタル取引所	洲際交易所集團
Interest Arbitrage	金利裁定	套利
Interest Rate Cap	金利 キャップ	利率上限
Interest Rate Corridor	コリドー	利率走廊
Interest Rate Floor	金利 フロア	利率下限

英	日	中
Interest Rate Futures Trading	金利先物取引	利率期貨交易
Interest Rate Option	金利オプション	利率選擇權
Interest Rate Swap	金利スワップ	利率交換
Interest-bearing Bond	利付債	附息債券
International Monetary Fund（IMF）	国際通貨基金（IMF）	國際貨幣基金
Intraday Call Trading	日中コール取引	當日拆款交易
Inventory Cycle	在庫循環	庫存週期
Inverted Yield	逆イールド	負斜率（殖利率）曲線、倒掛曲線
Investment Grade	投資適格水準	投資等級（信評）
Issue Price	発行価格	發行價格

J

英	日	中
Japan Credit Rating Agency, Ltd., JCR	日本格付研究所（JCR）	日本評級研究所
Japan International Cooperation Agency, JICA	國際協力機構（JICA）	日本國際協力機構（JICA）
Japan Premium	ジャパンプレミアム	日本溢價
Japan Reits (Real Estate Investment Trust)	日本不動産投資信託（J-REIT）	日本不動產投資信託
Japanese Bankers Association, JBA	全銀協	日本全國銀行協會
Japanese Government Bond, JGB	日本国債（JGB）	日本政府公債
Junk Bond	ジャンク債	垃圾債

K

英	日	中
Key Currency	基軸通貨	關鍵貨幣

英	日	中

L

Liquidity Risk	流動性リスク	流動性風險
Local Government Bonds	地方債	地方債
London Interbank Offered Rate（LIBOR）	LIBOR	倫敦銀行同業拆款利率（LIBOR）
Long-Term Prime Rate	長期プライムレート	長期基本放款利率

M

Macro Economy	マクロ経済	總體經濟
Market Absorption	市中消化額	市場內消化額度
Market Mechanism	市場原理	市場機制
Maturity Date	償還期限	票面到期日
Monetary Base	マネタリーベース	貨幣基數
Monetary Policy Committee（MPC）	金融政策委員会	貨幣政策委員會（英國、印度）
Monetary Policy Meeting	金融政策決定会合	金融政策決策會議
Money Management Fund	MMF	MMF
Moody's Investors Service	ムーディーズ	穆迪公司

N

Negative Interest Rate Policy	マイナス金利政策	負利率政策
Net Asset Value	基準価額	基金淨值
Net Yield	実質利回り	淨報酬率（不動產）
Newly Issued Bond	新発債	新發行債券
No-Load Funds	ノーロードファンド	免佣金基金
Nominal Interest Rate	名目金利	名目利率

英	日	中

O

Official Cash Rate（OCR）	オフィシャルキャッシュレート	官方現金利率（紐西蘭）
Official Discount Rates	公定歩合	官方貼現率
Oil Crises	オイルショック	石油危機
Open Market	オープン市場	票券市場
Open Market Operations	公開市場操作（オペレーション）	公開市場操作
Outstanding Bond	既発債	流通債券
Overnight Call	翌日物（オーバーナイト物）	隔夜拆款
Overnight Indexed Swaps（OIS）	OIS（オーバーナイト・インデックス・スワップ）	隔夜指數交換利率
Overnight Rate	翌日物金利	隔夜拆款利率（加拿大）

P

Partial Redemption Charge	信託財産留保額	贖回費用（基金）
People's Bank of China, PBOC	中国人民銀行	中國人民銀行
Pooled Collateral Operations	共通担保オペ	共同擔保操作
Position Talk	ポジショントーク	立場式發言
Price Discovery	価格発見	價格發現
Primary Dealer System	国債市場特別参加者制度	主要交易商制度
Primary Market	プライマリー市場	初級市場

英	日	中
Primary Credit Interest Rate	プライマリークレジット金利	基本放款利率（美國）
Prime Rate	プライムレート	基本放款利率
Professional	プロ	專業人士
Put Option	プットオプション	賣權

Q

英	日	中
Quantitative and Qualitative Easing, QQE	量的・質的金融緩和	量質兼備的寬鬆貨幣政策
Quantitative Easing, QE	量的緩和	量化寬鬆

R

英	日	中
Rating and Investment Information, Inc., R&I	格付投資情報センター（R&I）	格付投資情報中心
Real Interest Rate	実質金利	實質利率
Reconstruction Bonds	復興債	重建公債
Refinancing Rate	リファイナンシング金利	再融資利率（俄羅斯）
Refunding Bonds	借換債	再融資公債
Repo, Repurchase Transaction	レポ（現金担保付債券貸借取引）	附買回交易
Repurchase Agreement, RP	債券現先市場	債券附買回交易
Repurchase Rate, Repo Rate	レポレート（レポ金利）	附買回利率（歐洲、印度）
Required Reserves	法定準備	法定準備
Required Reserve Ratio	預金準備率	存款準備率
Required Reserve Ratio Operations	預金準備率操作	存款準備率操作
Reserve Bank of Australia, RBA	オーストラリア準備銀行	澳洲儲備銀行

英	日	中
Reserve Bank of India, RBI	インド準備銀行	印度儲備銀行
Reserve Bank of New Zealand, RBNZ	ニュージーランド準備銀行	紐西蘭儲備銀行
Reserve Requirement System	準備預金制度	存款準備金制度
Residential Mortgage-Backed Security, RMBS	住宅ローン債権担保証券	住宅房貸擔保證券
Retail Price Index, RPI	小売物価指数	零售物價指數
Retained Earnings	内部留保（金）	保留盈餘
Reverse Repo Rate	リバースレポレート（リバースレポ金利）	逆回購利率（印度）
Reversing Trade	反対売買	反向操作
Risk Assets	リスク資産	風險資產
Risk Hedge	リスクヘッジ	避險
Risk Premium	リスクプレミアム	風險貼水、風險溢酬
Risk Scenario	リスクシナリオ	風險情境

S

英	日	中
Samurai Bond	サムライ債	武士債
Secondary Market	セカンダリー市場	次級市場
Secured Call Market	有担保コール市場	附擔保拆款市場
Short-Term Prime Rate	短期プライムレート	短期基本放款利率
Sistema Especial de Liquidação e de Custódia	セリック（SELIC）	隔夜利率（巴西）
Solicited-rating	依頼格付け	主動評等
Special Deficit-financing Bonds	特例国債	特例公債、赤字公債
Speculation Grade	投機的水準	投機等級（信評）

英	日	中
Spot Trading	現物取引	現貨交易
Spread Lending	スプレッド貸出	利差放款
Stagflation	スタグフレーション	停滯性通膨
Standard & Poor's, S&P	S&P	標準普爾公司
Swap Trading	スワップ取引	交換交易
Swiss National Bank, SNB	スイス国立銀行	瑞士國家銀行

T

英	日	中
Tapering	テーパリング	縮減購債
Tokyo Financial Exchange（TFX）	東京金融取引所	東京金融交易所
Tokyo Interbank Offered Rate（TIBOR）	TIBOR	東京銀行間同業拆款利率
Tokyo Stock Price Index（TOPIX）	東証株価指数（TOPIX）	東證股價指數
Treasury Bills（TB）	TB（割引短期国債）	短期貼現公債（＝乙種國庫券）
Treasury Discount Bill（TDB）	TDB（国庫短期証券）	國庫券
Treasury Inflation-indexed Securities, TIPS	物価連動債	通貨膨脹指數連動公債
Triple Decline	トリプル安	三重貶值

U

英	日	中
Unprecedented Monetary Easing	異次元金融緩和	非傳統的貨幣寬鬆政策
Unsecured Call Market	無担保コール市場	無擔保拆款市場
Unsecured Overnight Call	無担保コール翌日物	無擔保隔夜拆款利率
Unsolicited-rating	勝手格付け	被動評等

英	日	中

W

War Hawk, Hawk, Bellicist	タカ派	鷹派

Y

Yield Curve	イールドカーブ	殖利率曲線
Yield Curve Control	イールドカーブ・コントロール	殖利率曲線控制

Z

Zero Coupon Bond	ゼロクーポン債	零息債券
Zero Lower Bound（ZLB）	ゼロ制約	零利率底限限制
Zero-interest Rate Policy	ゼロ金利政策	零利率政策

國家圖書館出版品預行編目（CIP）資料

從「利率」看經濟：看懂財經大勢，學會投資理財
／上野泰也編著；翁碧惠譯. -- 初版. -- 臺北
市：經濟新潮社出版：英屬蓋曼群島商家庭傳媒
股份有限公司城邦分公司發行, 2023.10
　　面；　公分. --（經濟趨勢；74）
ISBN 978-626-7195-44-4（平裝）

1. CST: 利率　2. CST: 金融市場　3. CST: 投資
4. CST: 理財

562.32　　　　　　　　　　　　　　　112014915